DE L'ADMINISTRATION

DE LA

JUSTICE MILITAIRE

EN FRANCE ET EN ANGLETERRE.

PAR M. VICTOR FOUCHER,

SUBSTITUT DU PROCUREUR DU ROI A ALENÇON.

A PARIS,

CHEZ ANSELIN ET POCHARD (SUCCESSEURS DE MAGIMEL),
Libraires pour l'Art Militaire, rue Dauphine, n° 9.

1825.

A MONSIEUR COLLAS,

PROCUREUR DU ROI A ALENÇON,

MEMBRE DU CONSEIL GÉNÉRAL

DU DÉPARTEMENT DE L'ORNE.

MONSIEUR ET HONORABLE AMI,

PÉNÉTRÉ de reconnaissance pour tous les tendres soins et les excellens conseils que vous avez bien voulu me donner à mon début dans la carrière si délicate du Ministère public, et pour l'amitié dont vous voulez bien m'honorer, je vous prie d'en recevoir ici le témoignage, en acceptant l'hommage de cet Essai sur l'administration d'une des parties les plus intéressantes de la justice.

Toujours je m'honorerai d'être,

MONSIEUR ET HONORABLE AMI,

Votre respectueux serviteur,

VICTOR FOUCHER.

INTRODUCTION.

Depuis long-temps les lois pénales qui régissent l'armée, demandaient une réforme, lorsque l'an dernier, Sa Grandeur le Garde-des-Sceaux annonça aux Chambres, pour la session actuelle, un projet destiné à remplacer cet amas de dispositions législatives, de décrets, d'arrêtés, tous plus ou moins entachés de l'esprit anarchique ou despotique de la révolution.

C'est alors que je songeai à jeter sur le papier quelques réflexions sur la législation militaire, et sur les améliorations dont elle m'a paru être susceptible. Ces réflexions sont le fruit d'une expérience pratique de plusieurs années, et de l'exercice de mon ministère d'avocat près les tribunaux militaires. J'ose dire que je suis du petit nombre de ceux qui ont été à même de bien connaître quels sont les dangers et les vices de la législation actuelle, quels abus s'y sont glissés.

J'ai pensé qu'en faisant précéder mes réflexions d'une comparaison entre la loi militaire française et la loi militaire anglaise, mon travail serait plus complet.

Dans le système que j'ai embrassé, et que je présente pour remplacer celui qui existe, j'ai constamment cherché à rapprocher la loi militaire de la loi commune, à donner à la juridiction militaire toute l'étendue dont elle est susceptible, en m'arrêtant cependant là où elle pouvait froisser les intérêts de la société; j'ai cherché à donner de l'indépendance aux juges; en un mot, à rendre cette partie de la législation digne de la France.

Puisse mon travail être utile, c'est le seul but que je me propose; et si je l'atteins, je me trouverai heureux!

En France, avant la révolution, on ne connaissait que deux degrés de juridiction militaire. « Les chefs immédiats ou supérieurs appliquaient directement les peines de simple police aux contraventions militaires. » Les tribunaux militaires, chacun dans les bornes de sa compétence, appliquaient les peines afflictives ou infamantes, et les peines correctionnelles aux crimes et délits militaires. »

Depuis 1790 jusqu'au 13 brumaire an 5, quatre organisations des tribunaux militaires se succédèrent rapidement.

Les cours martiales durent leur création à la loi du 29 octobre 1790; on y admettait un jury d'accusation et un jury de jugement. Elles furent supprimées par la loi du 10 mai 1793, qui les remplaça par deux tribunaux militaires pour chaque armée : non-seulement les jurys y furent conservés, mais en outre on créa des juges de paix militaires, chargés de faire les fonctions d'officiers de police judiciaire et de membres de tribunal, à tour de rôle. Il est à remarquer que la loi du 12 mai 1793, dont quelques-unes des dispositions sont encore en vigueur, n'était applicable qu'aux armées, et qu'à partir de cette époque, les troupes stationnées hors de l'arrondissement des armées étaient justiciables des tribunaux ordinaires. C'est ce que décida, d'une manière précise, un décret du 29 floréal an 2 (1). La Convention sentant bientôt tout ce qu'avait de vicieux une organisation où entraient des officiers de police judiciaire, des accusateurs publics, un jury d'accusation, un jury de jugement, et des tribunaux criminels ; reconnaissant que, de sa nature, la justice militaire requiert célérité dans les formes et dans la punition du coupable, créa, par sa loi du deuxième jour complémentaire de l'an 3, pour rempla-

(1) Ce décret n'est pas rapporté dans les ouvrages sur les lois militaires que j'ai consultés, entre autres dans le *Guide des juges militaires ;* ce décret est ainsi conçu :

La Convention nationale, après avoir entendu le rapport de son comité de législation, décrète :

Art. 1er. Les juges de paix et les tribunaux criminels ordinaires connaîtront (en se conformant, pour le fond, aux lois pénales militaires), des délits militaires commis hors de l'arrondissement des armées, soit que les auteurs ou complices de ces délits fassent ou ne fassent pas partie des dépôts mentionnés en la loi du 16 août 1793.

2. A l'égard des délits commis par les militaires, dans l'arrondissement des armées, quoique hors des camps, cantonnemens ou garnisons, la connaissance en appartient aux tribunaux militaires, conformément au titre 1er de la loi du 3 pluviose, et sous les exceptions y énoncées.

3. L'arrondissement d'une armée comprend tout le territoire dans lequel s'étend le commandement militaire du général qui la commande en chef.

4. Les dispositions ci-dessus seront observées, même à l'égard des délits antérieurs au présent décret, sur lesquels il ne sera pas intervenu de jugement définitif, avant sa publication.

5. L'insertion du présent décret tiendra lieu de publication.

cer tout cet échafaudage, des conseils militaires, composés de neuf juges : trois officiers, trois sous-officiers et trois soldats. Ces conseils militaires connaissaient, soit dans l'intérieur, soit dans l'armée, de tous les délits commis par des militaires ou par des individus attachés à la troupe ou à sa suite; les simples citoyens, complices des militaires, devinrent leurs justiciables. Cependant, un décret du 22 messidor an 4 fit cesser cet abus, et ordonna que dès qu'un individu non militaire serait impliqué, soit comme auteur, soit comme complice, la connaissance du crime ou délit appartiendrait aux tribunaux ordinaires. Les lois des 1er vendémiaire et 4 nivose an 4 attribuèrent aussi aux conseils de guerre les insurrections à main armée, l'embauchage et l'espionnage; et une loi du 18 floréal de l'an 4 soumit les jugemens des conseils de guerre à l'appel, dans deux cas seulement : 1° lorsqu'il y aurait violation des formes prescrites; 2° lorsque la peine infligée serait plus forte que celle que la loi applique au délit.

L'on conçoit qu'une juridiction si grande et si extraordinaire devait nécessairement soulever l'opinion publique contre elle; aussi, le gouvernement sentant la nécessité de la changer, rendit la loi du 13 brumaire an 5, qui institua un conseil de guerre permanent par division; vint ensuite la loi du 18 vendémiaire an 6, son complément; elle créa un conseil de révision et un deuxième conseil de guerre par division.

Telles sont les principales phases de la justice militaire, depuis 1790.

En Angleterre, le *mutiny-act* est la loi qui sert de base au règlement que donne le Roi pour régir l'armée ; ce règlement, généralement connu sous la dénomination d'*articles War*, est véritablement le Code pénal militaire anglais.

Le premier *mutiny-act* régulier fut publié le 3 avril 1689 ; il ne devait être en vigueur que pendant six mois. Depuis ce temps, cependant, si nous en exceptons un intervalle de trois années, sous le règne de Guillaume, il a été, chaque année, renouvelé par le parlement : ainsi, la loi militaire, en Angleterre, est établie par le pouvoir législatif, et repose sur la légalité la plus incontestable.

Ce *mutiny-act*, revu toujours pour un an, au commencement de chaque session, reconnaît au Roi le droit fondamental de commander toutes les forces de l'état, et le peuple, si jaloux de sa liberté, loin de craindre l'abus de la puissance du glaive, sait fort bien qu'elle est confiée à des mains qui peuvent l'exercer avec l'énergie convenable, pour maintenir les libertés du pays.

Il y a plus, le *mutiny-act* reconnaît au Roi le pouvoir de faire, en tout temps, pour son armée, des règlemens indépendans de ceux faits par les articles de guerre, et ces règlemens ont toute la force obligatoire de la loi ; la seule limite posée, c'est que les cours martiales ne peuvent, en vertu de ces mêmes règlemens, infliger la peine de mort, ou celle de la perte d'un membre, que pour des délits qui sont prévus et punis de ces peines par le *mutiny-act*. Une des dispositions de cet acte du parlement porte qu'aucun délit ou crime prévu par les articles de guerre, ne pourra être puni de la manière qui y est prescrite, et qu'aucun autre juge que le juge militaire ne peut s'arroger le droit de connaître des délits purement militaires, et punissables seulement par le tribunal militaire.

Nous allons entrer maintenant dans l'examen comparatif des deux législations, et exposer les améliorations dont celle de la France nous paraît susceptible.

DE L'ADMINISTRATION

DE

LA JUSTICE MILITAIRE

EN FRANCE ET EN ANGLETERRE.

PREMIÈRE PARTIE.

ORGANISATION.

TITRE PREMIER.

COMPOSITION ET COMPÉTENCE.

CHAPITRE PREMIER.

Conseils de Guerre.

La loi du 13 brumaire an 5 et celle du 18 vendémiaire an 6 établissent, ainsi que nous l'avons dit dans l'introduction, deux conseils de guerre permanens par division.

Leur composition est fixée par la première de ces lois.

Un colonel y remplit les fonctions de président; six membres lui sont adjoints; savoir :

Un chef de bataillon ou d'escadron;

Deux capitaines;

Un lieutenant ;
Un sous-lieutenant ;
Un sous-officier.

Il y a de plus, près de chaque conseil, un rapporteur du grade de capitaine, un commissaire du roi, aussi du grade de capitaine, et un greffier, toujours au choix du rapporteur.

Depuis la loi du 13 brumaire an 5, les conseils de guerre ayant été chargés temporairement de la répression des vols avec effraction extérieure ou avec attroupement, la loi du 27 fructidor an 7 ordonna que le deuxième conseil de guerre, qui d'abord ne connaissait que des affaires annulées par le conseil de révision de la division, jugerait en première instance, concurremment avec le premier ; et elle donna aux rapporteurs des substituts, quand la quantité et la nature des affaires l'exigeraient. Ces substituts, nommés pour trois mois seulement, dit l'article 3 de la loi précitée, doivent être pris parmi les capitaines ou les lieutenans. L'article 4 dispose que, s'il est jugé nécessaire d'adjoindre au greffier un ou plusieurs commis, le rapporteur les nomme. La durée de leurs fonctions est la même que celle des substituts. Enfin, Buonaparte voulant donner une marque de sa satisfaction à un officier qui était attaché à l'un des conseils de guerre de la première division militaire, décréta, en 1813, que les rapporteurs pourraient être pris parmi les chefs de bataillon.

La composition des conseils de guerre, telle que nous venons de la décrire, était bonne, quand il ne s'agissait que de prononcer sur le sort de soldats, de sous-officiers ou d'officiers inférieurs ; mais, dès que l'accusé était un officier supérieur, il y aurait eu de l'inconvenance à le faire juger par un conseil de guerre dont cinq membres étaient ses inférieurs : aussi la loi du 4 fructidor an 5 fixa le rang des juges, lorsque l'accusé serait, soit officier supérieur, soit officier général. Sans vouloir entrer dans chacune des compositions pour chaque grade, je dirai seulement que cette loi veut qu'il y ait au moins trois juges du grade de l'accusé ; et, ce qui est à remarquer, c'est que, dans la composition des conseils de guerre appelés à prononcer sur le sort des généraux en chef, le rapporteur, qui doit être pris parmi les chefs de brigade ou les adjudans commandans, est au choix du président. (Le premier de ces grades est remplacé par celui de colonel ; le second n'existe plus.)

D'après la qualification de *permanens*, donnée aux conseils de guerre, on pourrait croire que les juges ont obtenu l'inamovibilité ; il en est autrement : l'article 4 de la loi organisatrice dit que les membres des conseils de guerre seront nommés par le général commandant la division ; l'article 5 ajoute que ce général est autorisé à changer *tout* ou partie des membres, lorsqu'il le croira nécessaire pour le bien du service, avec la restriction cependant, que ce changement ne pourra avoir lieu pour le jugement d'un délit à raison duquel le prévenu sera arrêté, ou l'information commencée. Le général doit choisir les juges parmi les officiers des corps stationnés dans la division.

Passant à la compétence, nous trouvons que la loi du 13 brumaire an 5 rend justiciables des conseils de guerre tous les militaires, plus tous les employés attachés à l'armée ou à sa suite, et même les domestiques des officiers et des employés à la suite de l'armée (1) : mais cette compétence ne resta pas long-temps dans ces limites. L'arrêté du 7 thermidor an 8 comprit, dans les personnes attachées à l'armée, les femmes vivandières et blanchisseuses ayant leur nomination, et celui du 8 vendémiaire an 12, les gendarmes, pour les délits relatifs au service et à la discipline militaire. D'un autre côté, une loi du 18 pluviose an 9 rendit les militaires justiciables des tribunaux criminels spéciaux, pour les crimes de vol avec effraction extérieure ou avec violence, ou pour ceux commis sur les grandes routes ; ils le devinrent des tribunaux spéciaux, pour le faux, en vertu de la loi du 23 floréal an 10. Un avis du conseil d'état, approuvé le 30 thermidor an 12, déclara que les délits commis par des militaires éloignés de leurs drapeaux, devaient être portés à la connaissance des tribunaux ordinaires. L'arrêté du 19 vendémiaire an 12 institua des conseils de guerre spéciaux pour juger les déserteurs. Dans la même année, le 17 messidor, les

---

(1) La question de savoir quelle était l'étendue que l'on devait donner à l'article 10 de la loi du 13 brumaire, et à l'article 6 du titre 7 de la loi du 21 brumaire an 5, s'étant élevée, le conseil d'état consulté, fut d'avis que les gardes-magasins des vivres, même dans les places ouvertes de l'intérieur et les divisions militaires, doivent, pour tous les faits relatifs à l'exercice de leurs fonctions, être traduits devant les tribunaux militaires ; mais que les habitans employés momentanément, et par circonstance, sans commission du ministre ou du munitionnaire général, comme boulangers, à la munitionnaire d'une des places de l'intérieur d'une division militaire, ne pouvant être considérés comme faisant partie de l'armée, devaient, pour les faits relatifs à ces fonctions momentanées, être traduits devant les tribunaux ordinaires. Cet avis est du 25 janvier 1807.

crimes d'embauchage et d'espionnage devinrent de la compétence des commissions militaires. Ces commissions furent encore appelées à prononcer sur le sort des prisonniers de guerre, par décret du 17 frimaire an 14. Un avis du conseil d'état, du 4 janvier 1806, rendit les militaires justiciables des tribunaux ordinaires, pour délits de chasse. Enfin, un décret du 1er mai 1812 institua des conseils de guerre extraordinaires, pour juger les capitulations d'armée et de place.

Tel était le chaos dans lequel un homme, dont la volonté faisait la loi et pour qui la loi était l'instrument du besoin ou des passions du moment, avait jeté la législation militaire, lorsque Louis-le-Désiré remonta sur le trône de ses pères : ennemi de l'arbitraire, il le fit disparaître, au moins autant qu'il était en son pouvoir, en supprimant, par la Charte, les tribunaux d'exception ; et depuis, les conseils de guerre permanens ont jugé *seuls* les délits et crimes commis par des militaires en activité de service (1).

Examinons maintenant la composition des Cours martiales anglaises ; elles sont de trois espèces :

Les cours martiales générales ;

---

(1) Pendant les cent jours, l'usurpateur, cherchant tous les moyens de se rendre populaire, avait, par les articles 54 et 55 de son acte additionnel, rendu aux tribunaux civils la connaissance des délits communs, commis par des militaires. Mais ces articles n'y étaient, comme beaucoup d'autres, que pour fasciner, si on l'avait pu encore, les yeux des gens qui ne jugent que la surface des choses, et n'osent pas même les effleurer. Ces articles n'ont pas reçu leur application pendant l'interrègne.

Les cours martiales régimentaires ;

Les cours martiales de détachement.

Les cours martiales générales ne sont pas toujours composées du même nombre de membres, ou pour mieux dire, la loi a fixé le nombre des membres suivant les pays où elles sont convoquées ; et, encore, cette règle éprouve-t-elle des exceptions.

En Angleterre, en Irlande et à Gibraltar, une cour martiale générale doit être composée de neuf officiers commissionnés, au moins ; et si c'est pour le jugement d'un officier commissionné, de treize ; son président doit être du grade de field-officer (maréchal-de-camp).

Hors des domaines royaux, aux Indes, ou hors des possessions de la compagnie des Indes orientales, ou dans la colonie des îles Bermudes, la cour martiale générale est au moins composée de sept officiers commissionnés ; elle l'est de cinq en Afrique et dans les nouvelles îles du Sud ; à l'étranger, lorsqu'elle est convoquée en vertu de la vingt-unième section de l'acte de la cinquante-quatrième année du règne de George III, chapitre 25, qui autorise les généraux, ou autres commandans en chef, à convoquer des cours martiales générales ; elle doit avoir au moins trois membres, officiers commissionnés.

En aucun cas, l'officier commandant en chef ou gouverneur de la garnison ne peut présider une cour martiale générale, et les présidens, dans toutes ces cours, doivent être, comme en Angleterre, du grade de field-officer, et s'il n'y a pas d'officier de ce rang, il ne peut être moindre que capitaine.

Les cours, comme en France, changent de composition quand il s'agit de prononcer sur le sort d'un officier d'un rang élevé ; ainsi, un field-officer ne peut être jugé par un officier d'un grade inférieur à celui de capitaine.

Les cours martiales générales ne sont pas permanentes ; elles sont assemblées au nom du Roi, soit par un ordre signé de sa main, soit par un officier général commandant en chef, en vertu de la délégation du pouvoir royal.

Une fois constituées, les cours martiales générales restent établies jusqu'à ce qu'elles soient dissoutes par l'autorité qui les a créées. Les membres, quoique leur devoir soit rempli par la prononciation de la sentence, ne peuvent retourner à leur poste ordinaire sans une permission spéciale du commandant en chef, à moins que la cour ne soit dissoute.

L'ordre de convocation contient le nom du président et des juges, lorsque le Roi lui-même le signe. Dans les autres cas, le président seulement est nommé, et des ordres sont donnés à des régimens pour fournir un certain nombre d'officiers ayant le rang voulu, laissant à chaque corps le soin de choisir les personnes les plus aptes à remplir cet important devoir.

L'accusation est soutenue, près ces cours, par un officier qui a le titre de *juge-avocat:* il est nommé par le Roi. Cet officier, sans être inamovible, est presque toujours le même ; il a des délégués qui le remplacent, quand les cours se tiennent loin de son siége ; il les envoie près d'elles, lorsqu'il ne juge pas à propos de s'y rendre lui-même.

Les cours martiales régimentaires sont composées des officiers d'un même régiment, et connaissent des querelles survenues entre soldats, des fautes légères contre la discipline, de toutes celles commises dans l'intérieur des régimens, toutes les fois qu'elles n'emportent pas la perte de la vie ou d'un membre; des injustices que les officiers non commissionnés et soldats, leurs seuls justiciables, se plaignent d'avoir éprouvées de la part de leurs chefs; et, dans le cas où ces chefs se seraient effectivement rendus coupables de violences ou d'injustices envers leurs subordonnés, ces cours les renvoient, après avoir précisé les faits, devant la cour martiale générale, seule compétente pour juger des officiers commissionnés. Lorsque les querelles sont survenues entre des soldats de différens corps, alors les cours martiales régimentaires se composent d'officiers de ces corps.

Ces cours sont convoquées, soit par le chef du corps, soit par l'officier commandant, suivant les cas. Le nombre de ses membres doit être de cinq officiers, à moins que ce nombre ne puisse être convenablement réuni.

La troisième espèce de cours martiales est celle dite de détachement. Elle a été instituée uniquement pour remplacer celle dite régimentaire, à l'égard des officiers brevetés qui forment une catégorie toute particulière. Les cours de détachement sont assemblées par l'officier général commandant; elles sont composées et procèdent de la même manière que les cours régimentaires, sauf les modifications suivantes: la première, c'est que des cinq officiers qui y sont appelés comme juges, deux au plus peuvent être pris parmi les officiers du régiment auquel appartient l'officier breveté; la deuxième, c'est que le président doit être au moins un *field-officer*, et deux des membres, *capitaines*.

La compétence des cours martiales générales est fort étendue, soit par rapport à la nature des crimes dont elle peut connaître, soit par rapport aux peines qu'elle peut infliger. Tous ces différens crimes sont spécialement énumérés dans le *Mutiny-act*, dans les *articles War*, et dans des règlemens du Roi, publiés de temps à autre par le ministre de la guerre, et promulgués dans des ordres généraux. Lorsque je traiterai des principaux délits et crimes militaires, et des peines qui y sont attachées, j'en extrairai ce qui pourra y avoir rapport. Nous devons seulement faire remarquer ici, 1° qu'il y a des délits qui, n'étant pas susceptibles d'une définition exacte, et qui, étant pourtant de la plus haute importance dans l'état militaire, parce qu'ils affaiblissent des principes sur lesquels repose la bonne discipline, sont cependant punis par les cours martiales, qui sont de véritables cours d'honneur, dit le législateur anglais : c'est à leur conscience à définir ces délits, et à leur appliquer les peines qu'ils jugent devoir les réprimer de la manière la plus sûre ;

2° Qu'en Angleterre, les cours martiales ne connaissent que des délits purement militaires; et, dès qu'un militaire, quel que soit son grade, en activité de service ou non, est accusé d'avoir commis des offenses, ou usé de violences envers les habitans, soit dans leur personne, soit dans leurs propriétés, il doit être remis immédiatement au magistrat civil, et jugé d'après les lois communes du pays; des peines très-fortes sont même portées contre les chefs qui cacheraient, ou seulement ne remettraient pas de pareils délinquans.

Ces explications données sur les délits en eux-mêmes, passons à la compétence quant aux personnes.

Toute personne qui est commissionnée ou brevetée comme officier, enrôlée ou payée comme soldat ou officier non commissionné, est justiciable des cours martiales. Le premier *Mutiny-act* comprenait, en outre, et les officiers brevetés ne recevant pas de paie, et les officiers à demi-solde; mais, en 1786, le parlement décida que les premiers étaient seuls soumis aux lois et règlemens militaires. Par un jugement rendu en 1792, dans l'affaire *Graint*, il a été décidé que le seul fait de la paie, comme soldat, suffisait pour donner le caractère militaire. Le paragraphe 68 du chapitre 104 de la vingt-quatrième année de George III, qui réunit en une seule loi toutes celles relatives à la milice, rend les miliciens sujets à la loi militaire, tant qu'ils se trouvent assemblés pour l'exercice. Cependant, les officiers de milice ne peuvent juger des militaires des autres corps, *et vice versâ*. Sont encore justiciables des cours martiales, les vivandiers et autres personnes servant dans les camps; les officiers suspendus, parce que la suspension n'a pas pour effet d'annuler la commission; les officiers faisant partie du parlement, parce que, par l'acceptation de leurs commissions, ils renoncent au privilége d'être jugés par le parlement. Cependant, il est encore d'usage de s'adresser au parlement pour solliciter la suspension du privilége d'un de ses membres.

Nous avons déjà touché un mot de la compétence des cours régimentaires et de détachement, nous allons achever ce que nous avons à en dire. On pourrait croire au premier aperçu, que les cours régimentaires, d'après leur composition, ressemblent à nos conseils de discipline des corps; elles en diffèrent cependant beaucoup, par l'étendue des peines qu'elles peuvent infliger; et, sous ce point de vue, elles auraient plus de rapport avec les anciens tribunaux correctionnels militaires; car, pour le soldat et le sous-officier, ses seuls justiciables, sa compétence s'étend, en général, à tous les délits militaires n'emportant pas la perte de la vie ou d'un membre, et elles peuvent infliger des amendes, des suspensions de solde, des réductions de grade, des peines corporelles et d'emprisonnement.

La compétence des cours de détachement est la même que celle des cours régimentaires; cependant, en aucun cas, un officier breveté ne peut être réduit à servir dans un rang inférieur, ni être condamné à des peines corporelles, à moins qu'il n'ait été originairement engagé comme soldat, et qu'il n'ait continué à servir jusqu'à son grade.

Voici ce que nous avions à dire sur la composition et la compétence des tribunaux militaires anglais; rentrons en France, et voyons quels sont les vices qui existent dans la composition et dans la compétence des conseils de guerre permanens.

Un des plus grands vices de la loi du 13 brumaire an 5, c'est de donner aux généraux commandant les divisions, le double pouvoir de nommer les membres des conseils de guerre, et de les changer, suivant qu'ils le jugent convenable, pour le bien du service: la loi, à la vérité, a ajouté, pour parer à l'abus que présentait un pouvoir si étendu, que le changement ne pourrait avoir lieu pour le jugement d'un délit à raison duquel le prévenu serait arrêté, ou l'information commencée; mais, comme il y a toujours, du moins dans les divisions les plus importantes, des instructions commencées, et des prévenus arrêtés, cette disposition, le seul palladium de l'indépendance des conseils de guerre, du moins pour leur composition, cette disposition, dis-je, est devenue inexécutable, et dès-lors le général tient presque entre ses mains le sort de l'inculpé. Aussi, n'est-il pas sans exemple qu'un officier appelé à remplir les fonctions de juge, et même une partie du conseil, aient été changés dans le cours des informations judiciaires. Il paraît qu'en Angleterre, on a craint de pareils abus; car nous remarquons que c'est dans le seul cas où le Roi donne l'ordre de convocation, que tous les membres sont nommés; et par qui? par lui-même.

Un deuxième vice de la loi de brumaire an 5, c'est que le général tirant du sein d'un régiment, soit pour présider, soit pour remplir les fonctions de rapporteur, ou celles de commissaire du roi, des officiers qui peuvent très-bien connaître leur théorie, mais qui n'ont aucune idée de l'importance des fonctions qui leur sont confiées, ni aucune connaissance des lois, même des lois militaires, il en résulte des jugemens erronés (1), ou l'influence abusive d'un membre sur ses collègues moins versés que lui dans les débats judiciaires. Ce vice se fait particulièrement sentir chez les rappor-

(1) On pourrait citer, entre autres, un jugement qui fut rendu à Châlons, il y a environ quatre ans, où je ne sais par quelle combinaison d'articles du Code pénal militaire et du Code pénal ordinaire, la peine destinée à réprimer la désertion, peine toute spéciale, fut appliquée à un homme convaincu d'avoir insulté son supérieur, crime que la loi militaire punit de cinq ans de fers.

teurs, qui, ayant à instruire, et d'après le Code d'instruction criminelle, et d'après des lois particulières, ont nécessairement besoin d'en avoir fait une étude spéciale. Cette observation peut s'appliquer aussi au commissaire du roi, chargé de requérir la peine.

Enfin, et c'est un vice de plus, les conseils de guerre permanens sont composés souvent d'officiers d'un même régiment. Je voyais dernièrement affiché un jugement où, sur les sept membres, le président et quatre autres juges, ainsi que le procureur du roi, étaient du même corps; qu'en résulte-t-il? C'est que l'indépendance ne peut régner que difficilement dans les délibérations, alors que chaque juge est appelé à donner son vote sous les yeux d'un chef dont son avancement dépend. Une autre réflexion que fait naître cette réunion d'officiers du même régiment, c'est l'esprit de corps qui a toujours une grande influence (1).

---

(1) Voici ce que je trouve rapporté dans un ouvrage publié par M. Avril, officier supérieur en retraite, et intitulé: *Avantages d'une bonne discipline*.

« Dans une des brillantes campagnes des Français en Allemagne, la rapidité avec laquelle ils se portaient en avant les empêcha souvent de faire suivre les administrations de l'armée, et les distributions de vivres n'étaient pas toujours régulièrement faites. Pour y suppléer, on envoyait quelquefois des détachemens de tous les régimens piller avec ordre les villages qui se trouvaient à portée de la route qu'on suivait. Je dis piller, parce que, malgré les défenses les plus expresses, malgré la plus exacte surveillance, il était bien rare que le soldat se contentât d'en apporter les subsistances dont il avait besoin. Cette méthode irrégulière pouvait d'ailleurs occasioner des événemens très-fâcheux, et c'est ce qui arriva. Deux compagnies de corps

Tels sont les principaux inconvéniens que présente la composition actuelle des conseils de guerre permanens ; mais, pour y remédier, en prendra-t-on les membres parmi les officiers en retraite ? Les rendra-t-on inamovibles ; ou bien rendra-t-on ina-

---

différens se trouvèrent un jour dans un même lieu, pour s'y approvisionner. Chacune croyant avoir plus de droit que l'autre à rançonner les pauvres habitans, il s'éleva entre les soldats des deux compagnies une rixe que les officiers eurent beaucoup de peine à apaiser. Il fut alors convenu qu'une d'elles abandonnerait ses prétentions, et irait se pourvoir ailleurs. En conséquence, celle que cet arrangement concernait se mit en route ; mais les soldats qui en faisaient partie, et qui s'étaient déjà munis de quelques provisions, ne voulurent point s'en dessaisir. Sur ces entrefaites, le capitaine du détachement qui restait dans le village aperçut un grenadier de l'autre corps chargé de vivres, et qui, étant demeuré en arrière, se hâtait de rejoindre ses camarades ; il l'arrêta, voulut le forcer à déposer ses provisions, qui, disait-il, lui appartenaient ; et, n'ayant pu s'en faire obéir, ni par la persuasion, ni par les menaces, tira son épée et l'en frappa. A cette attaque inattendue, le grenadier croisa la baïonnette sur son adversaire, et lui jura que, s'il récidivait, il l'en ferait repentir. Alors, le capitaine prit à témoins les soldats de sa compagnie de la révolte du grenadier contre lui, dressa sa plainte, et cet infortuné fut traduit par-devant un conseil de guerre.

» Soit hasard, soit fait exprès, le président du conseil se trouva être le *colonel du plaignant*, et un *seul* membre appartenait au corps de l'accusé. Le rapporteur reçut des ordres positifs pour que l'affaire fût instruite avec célérité ; deux jours suffirent pour dresser les pièces de la procédure, et le troisième, les juges s'assemblèrent. Toutes les formalités d'usage ayant été remplies, à l'exception du défenseur officieux dont l'accusé ne fut pas pourvu, les assistans s'étant retirés, le président osa s'exprimer en ces termes :

« Messieurs, depuis l'ouverture de la campagne, nos soldats » s'abandonnent à tous les excès de l'insubordination ; de grands movibles seulement ceux des membres qui instruisent ou soutiennent l'accusation, ou dirigent les débats?

Le premier moyen (celui des officiers en retraite), ne me semble pas pouvoir être adopté; car,

---

» exemples peuvent seuls les ramener à l'obéissance. Commençons donc par livrer à toute la rigueur des lois le coupable dont nous venons d'examiner le crime, et que sa mort arrête la licence d'une soldatesque effrénée, dont nous ne serions bientôt plus maîtres si nous lui montrions trop d'indulgence. *J'ai ordonné* à M. le rapporteur de préparer le jugement de condamnation, parce que je n'ai pas douté un seul instant de la culpabilité de l'accusé : hâtons-nous de le signer. »

» Croira-t-on que, quoiqu'aucun témoin n'aie chargé l'accusé, un seul membre du conseil de guerre se soit opposé à des formes aussi illégales, et ait refusé de participer à cette abominable sentence? Les autres l'approuvèrent aveuglément, et le rapporteur fut chargé de sa prompte exécution.

» Mais tout à coup il survint un incident auquel on ne s'était pas attendu : le greffier, indigné d'un pareil procédé, dont il fut instruit par le seul juge qui ne fût pas prévaricateur, s'attacha, en terminant la rédaction du jugement, à le remplir de nullités; alors il s'établit le défenseur de l'accusé, et demanda, en son nom, la convocation du conseil de révision. Cette démarche hardie, faite par un homme qui pouvait dévoiler la conduite des juges, suspendit le supplice de son client, mais ne le sauva pas.

» L'armée était continuellement en marche, et se battait souvent. Le grenadier, qui d'un moment à l'autre s'attendait à voir son procès révisé, avait été remis à son corps, qui en répondait. Quinze jours se passèrent sans qu'il y eût rien de décidé sur son sort; et vingt fois, pendant ce temps, il trouva l'occasion d'échapper à ses gardes : mais il était innocent, fuir lui semblait s'avouer coupable. Enfin, un jour, la division à laquelle il appartenait fut réunie sur un seul point; le général qui la commandait fit former les troupes en plusieurs colonnes serrées, et les harangua : il leur reprocha les actes d'indiscipline auxquels elles se livraient envers leurs chefs, chercha à les intimider par la pourrait-on bien dire que les militaires sont jugés par leurs pairs (1), alors que les juges seraient des officiers n'appartenant plus à l'armée, qui n'en auraient plus, en quelque sorte que l'épaulette, et qui, enfin, à la longue, en perdraient l'esprit (2).

Ces objections, que je crois être d'un grand poids, peuvent être faites aussi à ceux qui penchent pour l'inamovibilité de tous les membres.

Sans doute cette inamovibilité assurerait l'indépendance d'opinions; mais ce bien, que l'on peut obtenir, autant qu'il est possible, par d'autres moyens, ne saurait compenser d'aussi grands inconvéniens que ceux que nous venons d'indiquer, et qui ne sont peut-être pas les seuls; ajoutez-y les dépenses énormes qu'un pareil système entraînerait, et l'on se trouvera dans l'impossibilité de l'adopter.

L'on prévoit dès-lors, que je penche pour que la *partie agissante* des conseils de guerre (si j'ose m'exprimer ainsi), soit seule inamovible: effectivement, après y avoir réfléchi long-temps, ce dernier système me paraît devoir être préféré, comme étant celui qui peut seul ménager, et l'intérêt de l'armée, et celui des prévenus.

Que le président, le procureur du roi, le rappor-

---

menace des châtimens les plus terribles, et finit son discours par ordonner l'exécution du malheureux soldat que le conseil de guerre permanent avait arbitrairement condamné. »

(1) Par pairs, je n'entends pas ceux qui sont du même rang que l'accusé, mais bien les hommes qui, quel que soit leur rang, sont soumis aux mêmes lois.

(2) J'entends parler de cet esprit qui fait sévir plus ou moins, suivant qu'un délit porte plus ou moins atteinte à cette discipline dont on ne sent plus tant le besoin, alors que, depuis long-temps, l'on a perdu l'habitude de commander.

teur et le greffier soient inamovibles, et cela suffira. L'on aura des hommes qui seront forcés d'étudier, de connaître les lois, dès que ces honorables fonctions seront les seules qu'ils auront à remplir : l'on aura des hommes libres et indépendans, parce qu'ils n'auront rien à redouter de leurs supérieurs; les seuls qu'ils auront à reconnaître étant le chef de la justice et le chef de l'armée, le Roi. Et, pour être sûr que ces hommes sont capables de remplir le poste qui leur sera confié, qu'ils en sont dignes à tous égards, l'inamovibilité ne serait accordée qu'après trois ans d'exercice.

Peut-être demandera-t-on pourquoi exiger l'inamovibilité du rapporteur ? Je répondrai à cette objection, que si on laisse le rapporteur instruire l'affaire, et la présenter aux juges comme ils le font maintenant, il est important que l'instruction soit faite par un homme qui n'ait rien à craindre d'une influence étrangère.

Je propose de laisser seulement au rapporteur qui, alors, prendrait le nom de *juge-instructeur*, l'instruction à faire ; on le chargerait, en outre, de la convocation des membres, des préparatifs du jugement, et ses fonctions cesseraient au moment où le conseil s'assemblerait. Le procureur du roi remplirait à l'audience les fonctions qui étaient confiées au rapporteur, et celles qu'il remplit actuellement; il suffirait que le procureur du roi eût les pièces du procès assez à temps pour bien en rendre compte; le procureur du roi serait aussi chargé de l'exécution des jugemens.

L'inamovibilité de ce procureur du roi n'est nécessaire que pour avoir un officier qui, étant sûr de sa stabilité, et sentant le besoin de connaître les lois, pour bien remplir sa place, s'adonnerait à l'étude: toutefois, si l'on peut parvenir au même but par un autre moyen, ce serait ce moyen que l'on devrait adopter, parce qu'il est naturel que l'homme du roi soit révocable à la volonté du Roi. Que le procureur du roi soit nommé par une ordonnance royale, qu'il ne puisse être révoqué que par une ordonnance de la même nature, et je crois ce moyen trouvé.

Quant aux simples juges, on les prendrait dans des corps, mais non parmi les officiers d'état-major, parce que, dans l'opinion générale du moins, ils sembleraient être trop sous l'influence de l'officier général auquel on laisserait la nomination de ces juges. Cependant pour diminuer l'influence qu'une pareille attribution pourrait donner dans les conseils de guerre, il faudrait que le général les choisît sur une liste de trois candidats, présentée par le régiment; il ne pourrait y avoir plus de deux membres du même régiment, et ils seraient nommés pour un laps de temps déterminé, pendant lequel ils ne seraient pas changés, si ce n'est pour maladie dûment constatée. Ce laps de temps ne pourrait être moindre d'un an.

Il y aurait un grand inconvénient à changer trop souvent les juges; ce serait donner au général une partie du pouvoir qu'il importe de lui ôter.

Quels seront les grades des juges ? Ne pourraient-ils pas être déterminés ainsi qu'il suit?

Un maréchal-de-camp, président;

Un colonel, juge;

Deux officiers supérieurs, juges;

Trois capitaines, juges;

Un officier supérieur, procureur du roi;
Un officier supérieur, juge-instructeur;
Un greffier, licencié en droit (1).

Avec cette composition, l'on pourra faire juger jusqu'au grade de colonel inclusivement, sans changer aucun des membres du conseil; quant aux généraux, l'on verra plus tard quel sera le tribunal dont ils devraient être justiciables.

Avec cette même composition, l'on aura des hommes dans le savoir desquels on pourra avoir confiance. Le législateur anglais a si bien senti de quelle importance il était de ne faire entrer dans les cours martiales générales que des hommes instruits, qu'il a voulu qu'il n'y eût que les officiers commissionnés qui pussent en faire partie, et ces officiers sont ceux appartenant à la haute classe de la société. En France, nous ne faisons, avec raison, aucune différence entre l'officier sorti des écoles et l'officier de fortune; mais au moins, prenons les juges dans des grades où l'on soit fondé à supposer que se trouvent les moyens d'instruction suffisans pour remplir les fonctions de juge.

Passons maintenant à la compétence des conseils de guerre.

Toutes les personnes qui s'en sont occupées ont senti le besoin de la modifier; aussi, peut-on dire qu'un changement dans la compétence des conseils de guerre est le vœu de la France entière. Effectivement, jusqu'à quand faudra-t-il qu'un citoyen aille demander justice de l'injure qu'on lui a faite, à des

(1) Dans presque tous les conseils de guerre, les greffiers sont des citoyens n'appartenant plus à l'armée.

tribunaux qui sont d'exception pour lui, dans lesquels il n'a aucun appui, dans lesquels ses yeux ne rencontrent que des épées semblables à celle que porte celui qui l'a outragé. De tels tribunaux ne peuvent lui inspirer cette confiance que tout homme doit avoir en ses juges, et tous les arrêts qu'ils rendent seraient inattaquables, qu'ils ne la feraient pas naître.

Les conseils de guerre ne semblent pas devoir être investis du droit de prononcer dans les affaires où sont intéressés des citoyens non militaires. La première ligne de démarcation à tirer, celle qui doit servir de point de départ, c'est que toutes les fois qu'un individu non militaire sera partie dans un procès, soit comme prévenu, soit comme partie plaignante, les tribunaux ordinaires seront seuls compétens.

Mais, pour prévenir toute discussion, il faut que cette ligne soit tracée d'une manière si claire, que le simple bon sens puisse la saisir.

Nous avons vu qu'en Angleterre, où les libertés publiques sont si étendues, et où les lois qui y ont rapport, à force d'entrer dans les détails, sont quelquefois si minutieuses; *l'act-mutiny* s'exprime ainsi (1) : « Lorsqu'un officier, officier non commissionné, ou soldat, sera accusé d'un crime capital, de violence ou d'un délit envers la personne, ou le patrimoine, ou la propriété des sujets, il sera punissable selon les lois du pays, l'officier commandant et l'officier du régiment, corps, compagnie ou

(1) Je traduis littéralement tous les passages, pour que chacun puisse peser tous les mots.

détachement, auxquels la personne ou les personnes aussi accusées appartiendront, devront, sur demande dûment faite, par ou en faveur de la partie ou des parties lésées, user de tous leurs moyens, pour livrer un tel accusé au magistrat civil, et aussi aider et assister les officiers de justice dans l'appréhension et la mise en sûreté de la personne ou des personnes accusées, pour qu'elles puissent être mises en jugement. »

C'est un article de ce genre qui devrait se trouver en tête du chapitre de la compétence de la nouvelle loi. Peut-être trouvera-t-on le mot propriété trop général, et voudra-t-on le préciser; dira-t-on propriétés immobilières et mobilières? Quelques personnes pensent que ce serait aller un peu loin, que de pousser jusqu'aux objets d'une valeur minime, et je serais d'avis que le conseil de guerre restât compétent pour ce qui est mobilier, toutes les fois que le dommage causé n'excèderait pas cinquante francs (1), et que le délit ne serait pas accompagné d'une des circonstances qui, d'après le Code pénal, le rangent parmi les crimes. Cette dernière opinion est fondée sur l'inconvénient qu'il y aurait pour le bien du service, à laisser sur la route que parcourt un régiment, les soldats qui prennent une poule, ou autre objet de mince valeur. Cet inconvénient devient encore plus grand par la nécessité dans laquelle les tribunaux civils se trouveraient lors-

(1) L'estimation du dommage serait faite incontinent par le juge de paix du lieu, si c'était un chef-lieu de canton, ou le maire de l'endroit, s'il n'y avait pas de juge de paix. L'estimation serait faite sans frais.

qu'il s'agirait d'appeler des lieux de garnison, les militaires qui seraient à entendre comme témoins de ces larcins.

Si je ne parle pas des torts faits aux personnes, c'est que je pense que jamais, dans les affaires qui y ont trait, on ne peut soustraire les citoyens à leurs juges naturels, et qu'il est beaucoup plus juste que les militaires qui, eux-mêmes, ne sont sortis de la compétence des tribunaux civils que lors de leur entrée à l'armée, et qui doivent y rentrer, aussitôt qu'ils cesseront d'en faire partie, soient traduits devant eux toutes les fois qu'ils se seront rendus coupables de délits envers la personne d'individus non militaires.

Ces restrictions exprimées d'une manière claire, l'intérêt de l'armée et des citoyens serait également assuré.

Traitons une question qui trouve ici sa place; c'est celle de savoir s'il y aura, comme maintenant, une seule espèce de conseils de guerre, ou si, à l'instar des tribunaux civils, il y aura deux espèces de juridictions; juridiction correctionnelle, et juridiction criminelle. D'abord, demandons-nous quels sont les délits qui restent aux conseils de guerre, d'après le système que nous venons d'exposer; les délits purement militaires; et les délits *civils réels*, au-dessous de cinquante francs, si j'ose les appeler ainsi. Les délits militaires se divisent en quatre branches principales : l'insubordination, la désertion, les vols entre militaires, et les violences entre les mêmes. Ceux civils sont d'une seule espèce; et, à leur égard, nous ne reviendrons pas sur ce que nous avons dit. L'insubordination et les violences sont les seules branches qui puissent se prêter à un démembrement; elles sont les seules où quelques délits puissent devenir correctionnels, et encore seraient-ils en bien petit nombre. On pourrait, si l'on veut, y ajouter les délits civils qui restent aux conseils de guerre; mais, avec tout cela, le conseil de guerre correctionnel n'aurait pas de grandes attributions. J'ai dit que l'insubordination et les violences étaient les seules branches qui se prêtassent à un démembrement, parce que la désertion est punie, et doit être punie de peines au-dessus de celles qui peuvent être prononcées correctionnellement, et que les vols entre militaires doivent être réprimés d'autant plus sévèrement, que tous les effets sont à l'abandon, et sous la sauvegarde, en quelque sorte, de la loyauté des soldats.

Admettre deux juridictions, serait donc, comme on le voit, superflu : ce serait doubler les tribunaux, et augmenter considérablement les frais de justice, sans en retirer aucun avantage réel. Depuis l'an 5, une seule espèce de conseils de guerre a suffi; pourquoi vouloir revenir à des formes abandonnées avec raison, comme compliquant trop la justice militaire, de sa nature simple et célère? Mais, objectera-t-on, si vous n'admettez qu'une seule espèce de conseils de guerre, comment ferez-vous, quand il s'agira de juger un officier général ? L'inamovibilité du président, qui sera seul de ce rang, celle du procureur du roi, qui sera d'un rang moindre, ainsi que le rang de tous les simples juges, viennent s'y opposer. Je répondrai : il faut, outre les conseils de guerre permanens, une haute-cour militaire; et ce serait devant cette haute-cour que seraient traduits les officiers généraux. Je voudrais que cette cour fût composée d'un maréchal de France, président, et d'un lieutenant-général de chaque arme, en activité de service; que le procureur du roi et le juge-instructeur y fussent des colonels, des intendans militaires; que le président, le juge-instructeur et le greffier y fussent inamovibles, et que les membres fussent pris dans chaque arme, et appelés, à tour de rôle, par rang d'ancienneté. Quant aux inconvéniens qui pourraient résulter du déplacement des membres, ils ne peuvent être grands, par la rareté des audiences.

C'est ainsi que l'on établirait une justice militaire imposante, digne de la France.

Je penche donc pour une seule espèce de conseils de guerre permanens; plus, pour une haute-cour militaire. Ces conseils de guerre permanens connaîtraient de tous les délits commis de *militaires à militaires*, en donnant à ce mot la signification et l'étendue qui lui sont attribuées maintenant (1); des délits civils réels de cinquante francs et au-dessous; de l'embauchage, de l'espionnage, de la trahison, en tant qu'ils concerneraient des militaires; des délits commis par les employés attachés à l'armée ou à sa suite, pour les faits relatifs à leur service (2).

---

(1) Doivent être jugés militairement, pour délits militaires, 1° les officiers, pairs de France, parce que, par l'acceptation de leur commission, ils se sont soumis à toutes les conséquences de l'état militaire, et, par conséquent, à devenir justiciables des conseils de guerre pour les faits qui leur sont attribués; 2° les officiers en demi-solde ou en retraite, pour les délits qu'ils auraient commis en activité de service, et qui ne seraient pas prescrits.

(2) La paie suffit-elle pour donner le caractère militaire? Cela

La compétence définie, l'on se demande si les jugemens des conseils de guerre permanens seront soumis à un appel sur le fond. Je pense que ces deux degrés sont incompatibles avec la célérité qu'exige la justice militaire. Pour concilier cette célérité et la garantie que les accusés peuvent exiger, l'on pourrait établir que, lorsque l'accusé déniera la compétence, il sera rendu un règlement préalable de compétence par le conseil de guerre, avant de prononcer sur le fond; que, si l'accusé n'y acquiesce pas dans les vingt-quatre heures, ce règlement sera transmis, avec les pièces du procès, à la cour de cassation, qui devra prononcer, toute affaire cessante, et renvoyer son arrêt dans les vingt-quatre heures de sa reddition.

Quelques personnes penseront peut-être que les cours royales étant plus voisines des conseils de guerre, c'est devant elles que devrait être porté le règlement de compétence. Je répondrai, d'abord, que l'on économiserait fort peu de temps, attendu

---

paraît devoir être, parce que, dès le moment où volontairement un homme la reçoit comme militaire, il reconnaît lui-même qu'il l'est effectivement. Si le système contraire était admis, on ouvrirait une porte à l'impunité; car un individu pourrait faire en sorte qu'il y eût nullité dans son engagement ou son brevet, soit en taisant une partie de ses noms, ou en employant d'autres moyens frauduleux; et s'il se rend coupable de désertion, par exemple, il arguera de la nullité de son engagement, nullité qui proviendra de sa mauvaise foi; et ainsi, il se soustraira au châtiment qui l'attend.

Cependant, il serait bon de conserver les modifications apportées par les avis du conseil d'état, du 25 janvier 1807, sur les boulangers de la munitionnaire, et du 4 janvier 1806, sur les délits de chasse.

la vitesse avec laquelle les paquets parcourent la France; et, ensuite, que l'on y perdrait nécessairement, sous le rapport de l'uniformité de la jurisprudence. D'ailleurs, je ne pense pas que l'on veuille ôter à la cour de cassation le cas de conflit qui lui est attribué par l'article 527 du Code d'instruction criminelle; et, dès-lors, la question relative à la compétence est résolue; car, puisque l'un des deux cas entre dans ses attributions, pourquoi lui refuserait-on l'autre? Si la loi est claire, l'un sera aussi rare que l'autre (1).

Il nous reste à traiter des conseils de discipline.

Les conseils de discipline doivent être considérés

---

(1) Voulant savoir comment se jugeait, en Angleterre, la question de compétence, je n'ai rien trouvé qui y eût rapport dans *l'act-mutiny* et les articles de guerre; seulement, dans un ouvrage sur les lois militaires, par Tirler, et revu par sir Charles James, je trouve les passages suivans :

« L'exécution des sentences des cours martiales peut être arrêtée par les cours civiles du Roi, dans le cas où la cour militaire aurait outrepassé sa compétence ou excédé ses pouvoirs; comme si, par exemple, une cour martiale avait jugé, pour crime militaire, une personne non soumise à la loi militaire, et ce n'est pas un obstacle, quand la cour martiale aurait décidé clairement que cette personne appartenait à sa juridiction, parce qu'une pareille décision peut être un juste cas d'appel, et une cause suffisante pour faire réviser la sentence. »

» Une cour martiale générale, assemblée par un ordre spécial pour le jugement d'une personne nommée dans cet ordre, doit, pour remplir ses devoirs, prendre connaissance du crime, et prononcer sa sentence de condamnation ou d'acquittement, d'après les charges : on a douté qu'une cour martiale fût compétente pour juger de la légalité du procès, ou si le prisonnier appartient à sa juridiction. La cour martiale navale, appelée à juger le capitaine Norris, en 1744, pour mauvaise conduite et comme de véritables tribunaux de famille ; leur juridiction est paternelle : la clémence d'abord ; la sévérité dans les cas de récidive ; la demande de l'expulsion des corps, pour être envoyé dans des compagnies de discipline, lorsque la conduite habituelle est telle, qu'elle fait craindre pour la discipline et donne un exemple dangereux. Voilà sur quelles bases cette juridiction doit s'étayer : il serait difficile de bien limiter leur compétence quant aux

---

lâcheté lors du combat de Toulon, au lieu de donner sa sentence de condamnation ou d'acquittement, déclara qu'elle n'avait pas le droit de prendre connaissance des charges, attendu que le capitaine Norris avait préalablement rendu sa commission, et qu'il n'était pas à la solde de Sa Majesté, quoique cet officier lui-même eût demandé à être jugé par la cour martiale. La décision de la cour fut évoquée à la chambre des communes, et renvoyée à un comité : sur son rapport, une motion fut passée, qui déclara cette décision illégale et arbitraire. » L'auteur ajoute : « Néanmoins, il ne peut y avoir le moindre doute que si la question de la légalité du procès (compétence) est évidente et insurmontable, la cour peut suspendre l'instruction jusqu'au moment où la question aura été résolue par l'autorité compétente (*proper authority*), comme, par exemple, si le prisonnier n'est pas soumis à la loi militaire, ou si c'est un meurtrier, etc., crimes dont la connaissance appartient aux cours municipales ordinaires. » Quelle est cette autorité compétente ? A en juger par l'exemple cité, ce serait la chambre des communes : d'après le même auteur, *la cour du banc du Roi*, et *la chambre des lords* ensuite, seraient aussi compétentes ; d'un autre côté, j'ai remarqué que M. Adye, dans son ouvrage sur les cours martiales, cite un jugement d'une cour martiale, rendu en 1743, qui fut rapporté par la cour des *plaids communs*. Sans entrer dans une discussion qui nous éloignerait de notre objet, ce que prouvent ces exemples et ces opinions, c'est que ce sont les plus hautes cours civiles qui connaissent de la compétence, et, comme nous le verrons bientôt, des appels des jugemens des cours martiales.

délits; en général, ils doivent réprimer toutes les fautes qui, sans être des délits capables de porter des coups apparens à la discipline, pourraient l'ébranler à la longue, et, en quelque sorte, la miner. Pour les peines qu'ils auront à prononcer, on n'a qu'à les laisser telles qu'elles sont.

La justice est bien mieux rendue par les conseils de discipline que par les conseils de guerre; les chefs militaires ressemblent à ces pères de famille qui en soutiennent publiquement les membres, par *amour-propre*, par affection, il est vrai; mais qui ne les punissent qu'avec plus de sévérité, dès que l'on est rentré dans le foyer paternel, et dès qu'ils peuvent le faire sans que des yeux étrangers puissent s'en apercevoir. Aussi, voudrais-je que, toutes les fois que le colonel est appelé à porter *plainte* sur un de ses subordonnés, ayant pour objet sa traduction devant un conseil de guerre, il ne pût le faire qu'après avoir pris l'avis du conseil de discipline de son corps; ce conseil entendrait les témoins, qui seront presque toujours des militaires du corps ou de la garnison; et, après les avoir entendus, ainsi que le prévenu, il donnerait son opinion motivée, qui, quelle qu'elle fût, serait adressée au lieutenant-général, pour par lui être examinée. S'il l'approuvait, il la ferait mettre à exécution; et, dans le cas où la décision porterait que l'homme doit être traduit devant un conseil de guerre, il la transmettrait au juge-instructeur, auquel elle servirait de base pour l'instruction. Si le général désapprouvait la décision du conseil de discipline, il ferait ce qu'il fait maintenant, il en suspendrait l'exécution jusqu'à ce que le ministre de la guerre eût prononcé. Cette marche, sans entraîner de longueurs, puisque les conseils de discipline se composent d'officiers présens au corps, qui peuvent toujours être réunis en peu d'heures, donnerait une sûreté de plus à l'accusé, auquel on se trouve forcé d'enlever l'appel sur le fonds. Sans doute cette sûreté ne sera peut-être pas aussi grande qu'elle le paraît au premier coup-d'œil, lorsqu'on réfléchit que les conseils de discipline sont présidés souvent par le colonel, et qu'il y exerce toujours une forte influence ; mais, au moins, l'on aura la certitude que les militaires ne seront traduits devant les conseils de guerre, qu'après que les principaux officiers des régimens auxquels ils appartiendront auront pris une parfaite connaissance des faits, ce qui, malheureusement, est rare. L'on éviterait ainsi des absolutions qui ne peuvent que produire un mauvais effet, ou des condamnations que j'évite de qualifier. Je citerai un seul exemple. Un soldat est traduit devant un conseil de guerre, comme prévenu de voies de fait envers son supérieur ; il est condamné à mort par un premier jugement; ce jugement est annulé pour défaut de formes; le second conseil appelé à le juger de nouveau, l'acquitte à l'unanimité, et le renvoie à son corps. J'ai la certitude que si le colonel du corps du prévenu eût eu sous les yeux un compte exact des faits, il n'aurait pas mis cet homme en jugement.

CHAPITRE II.

Conseils de Révision.

La loi du 18 vendémiaire a créé un conseil permanent de révision par division; il est composé,

D'un officier général, président;

D'un colonel;

D'un chef de bataillon ou d'escadron;

De deux capitaines;

D'un greffier au choix du président;

Un commissaire-ordonnateur, ou commissaire des guerres de première classe (intendant militaire), y remplit les fonctions de procureur du roi.

Ces membres sont nommés par les généraux commandans, qui sont autorisés à pourvoir à leur remplacement momentané, lorsqu'ils se trouveraient empêchés par des motifs légitimes.

Pour siéger comme membre du conseil de révision, il faut être âgé de trente ans accomplis, avoir fait trois campagnes devant l'ennemi, ou avoir six ans de services effectifs dans les armées.

Le conseil de révision est convoqué par son président; ses séances sont publiques.

Le conseil ne peut connaître du fond des affaires qu'il est appelé à réviser, soit sur la demande des procureurs du roi, soit sur celle des parties.

Les pièces des procédures soumises à son examen, doivent lui être adressées dans les vingt-quatre heures de la notification du pourvoi qui, lui-même, doit être fait dans les vingt-quatre heures du jugement du conseil de guerre. Le procureur a vingt-quatre heures après celles accordées au condamné.

Le conseil de révision une fois assemblé ne peut désemparer, sans avoir donné sa décision.

Le conseil de révision prononce à la majorité des voix, l'annulation des jugemens dans les cas suivans, savoir :

1° Lorsque le conseil de guerre n'a point été formé de la manière prescrite par la loi ;

2° Lorsqu'il a outrepassé sa compétence, soit à l'égard du prévenu, soit à l'égard des délits dont la loi lui attribue la compétence ;

3° Lorsqu'il s'est déclaré incompétent, pour juger un prévenu soumis à sa juridiction ;

4° Lorsqu'une des formes prescrites par la loi, n'a point été observée, soit dans l'information, soit dans l'instruction.

5° Lorsque le jugement n'est pas conforme à la loi, dans l'application de la peine.

En cas de confirmation du jugement, les pièces du procès sont renvoyées avec copie de la décision du conseil de révision, signée de tous les membres, au conseil de guerre, qui doit le faire exécuter dans les délais fixés par la loi du 13 brumaire an 5.

En cas d'annulation, l'envoi des pièces de la procédure se fait, dans les vingt-quatre heures, à celui des conseils de guerre permanens de la division, qui n'en a pas connu ; et, lorsqu'après une première annulation, le deuxième jugement est attaqué par les mêmes moyens que le premier, la question ne peut plus être agitée devant le conseil de révision, elle est soumise aux Chambres qui portent une loi à laquelle le conseil de révision est tenu de se conformer. Si le deuxième jugement est attaqué pour un autre motif que le premier, c'est le conseil de révision qui prononce; et, en cas d'annulation de ce second jugement, il renvoie devant un des conseils de guerre de l'une des divisions militaires voisines.

Passant à la loi anglaise sur ce sujet, nous ne trouvons que deux articles qui y aient rapport; le premier fait l'objet de la section 15 de *l'act-mutiny*; il est ainsi conçu : « Aucun officier ou soldat acquitté ou convaincu d'un délit quelconque, ne pourra être jugé une seconde fois par la même ou toute autre cour martiale, pour le même délit, si ce n'est en cas d'appel d'une cour martiale régimentaire à une cour martiale générale, et la sentence d'une cour martiale quelconque signée de son président, ne pourra être révisée plus d'une fois. » Le deuxième article se trouve dans les articles de guerre, il est ainsi conçu : « Si un officier inférieur non commissionné ou soldat éprouve une injustice de son capitaine, ou autre officier commandant la troupe ou compagnie dont il fait partie, il en portera plainte à l'officier commandant le régiment, qui, par là, est requis d'assembler une cour martiale régimentaire, pour rendre justice au plaignant; si, lorsque cette cour aura décidé, une des parties pense qu'elle a mal jugé, elle pourra en *appeler* à la cour martiale générale; mais si après un second examen, l'appel paraît être vexatoire et sans fondement, la personne appelante sera punie à la discrétion de la cour martiale générale (1). Relativement à l'appel

(1) Il est à remarquer que les punitions que cette dernière cour prononce dans ce cas, ainsi que dans tous ceux où la

des jugemens des cours martiales régimentaires, à celles générales; voici les raisons qu'en donne sir Charles James : « Comme ces cours n'ont que cinq membres qui sont souvent de jeunes officiers inexpérimentés, il en résulte que leurs sentences sont plus sujettes à l'erreur que celles rendues par un tribunal plus nombreux, et composé d'hommes expérimentés. Ce serait donc un mal que ces cours inférieures ne fussent soumises à aucun contrôle. »

La révision des sentences des cours martiales générales ne peut avoir lieu plus d'une fois par une autre cour martiale (dit la loi). Dans quels cas? dans les cas où l'on peut attaquer celles des cours civiles; par exemple, lorsque la sentence ou le *verdict* a été manifesté au dehors, ou rendu contrairement à l'évidence; ou s'il est contraire à la loi, si les peines sont hors de mesure, si les juges ont été corrompus, etc.

Par qui la révision peut-elle être ordonnée? par le Roi, dit encore la loi; et le droit de faire réviser ne paraît appartenir qu'au Roi et aux généraux qui ont une autorisation spéciale à cet égard. Cependant les sentences d'une cour martiale, comme celle de toute cour subordonnée, suivant *sir James*, sont sujettes à révision, et les parties qui seraient victimes de leur injustice, peuvent *appeler* de leurs décisions. Ces appels sont portés aux hautes cours civiles du royaume, et enfin, à la cour des lords. Ce

---

peine est laissée à déterminer à la cour martiale générale, ne peuvent jamais s'étendre à la perte de la vie ou d'un membre; peines qui ne peuvent être appliquées que d'après un texte positif de loi.

même auteur pense que cette marche n'est pas illégale, ni en contradiction avec la loi militaire, qui dit qu'aucune sentence d'une cour martiale, signée de son président, ne peut être révisée plus d'une fois; parce que cette clause veut seulement dire qu'elle ne pourra être revue plus d'une fois par la même ou autre cour martiale. La révision d'une sentence par la cour martiale qui l'a prononcée, n'est pas, à proprement parler, un appel; ce que renferme toujours la révision des sentences d'une cour par une autre : ce n'est qu'un *réexamen* de la cause par le même tribunal, sur l'ordre du Roi ou sur la recommandation du général commandant, qui a l'autorisation particulière nécessaire pour approuver ou suspendre les sentences; ce pouvoir, qui est d'une haute utilité, a souvent été exercé avec des résultats très-heureux ; en voici un exemple : « En 1798, Patrich Loflus fut condamné à mort par une cour martiale générale, pour être entré dans les casernes de Dublin, à l'effet d'engager un soldat du nom de Kennedy à déserter, pour joindre un parti de révoltés. La preuve résultait principalement de la déclaration de Kennedy. Un officier du régiment de ce dernier engagea le lord lieutenant à faire réviser la sentence. Le résultat fut que Kennedy était un témoin parjure, faisant métier de témoigner, et ayant formé le dessein de perdre Loflus. La cour martiale ayant revu sa sentence, prononça l'acquittement de Loflus.

En nous résumant sur les appels et révisions des sentences des cours martiales, nous voyons que l'on appelle des cours martiales régimentaires et de détachement aux cours martiales générales; que les sentences de ces dernières peuvent être revues une seule fois par la même cour ou par une autre; que pour donner plus de garantie aux parties, il est certains cas où elles peuvent, après cette première révision, en appeler aux hautes cours civiles, et que ces cours civiles peuvent même intervenir, au besoin.

Revenant aux conseils permanens de révision établis en France, nous nous demandons s'il est nécessaire d'en avoir un par chaque division; nous concevons que, comme ces conseils pouvaient être convoqués sur-le-champ, puisqu'ils se composent d'officiers en garnison dans la ville où ils siégent, le législateur en eût placé partout où il y avait des conseils de guerre, surtout lorsqu'on se rappelle que les lois du 13 brumaire an 5 et du 18 vendémiaire an 6 avaient été faites pour le temps de guerre, et étaient communes aux troupes stationnées sur le territoire français et à celles faisant partie de l'armée. Mais comme, dans le système qui paraît devoir être adopté, les principaux membres de ces conseils, comme ceux des conseils de guerre, sont inamovibles, je ne vois pas la nécessité d'établir autant de conseils de révision que de conseils de guerre; il me semble qu'un seul, établi à Paris, suffirait; quelques personnes ont pensé qu'il serait peut-être mieux d'en établir quatre, placés chacun dans la ville principale de l'est, de l'ouest, du nord et du midi de la France, et cela, pour éviter les longueurs qu'entraînerait, disent-elles, l'envoi des pièces des conseils de guerre des départemens frontières. Ce motif est le seul que l'on puisse donner pour la création *onéreuse* de plusieurs conseils de révision; mais, si je parviens à prouver que ces longueurs ne sont pas aussi fortes que l'on voudrait le faire croire, et qu'un seul con seil de révision est plus avantageux sous tous les autres rapports, je crois que le *très-peu de célérité* que l'on pourrait gagner à l'établissement de plusieurs, devra fléchir devant ces considérations. D'abord, il faudra toujours un certain temps pour envoyer les procédures des villes où siégent les conseils de guerre à celle où tiendra le conseil de révision ; pour quelques-uns même, la distance sera aussi grande pour aller à cette ville que pour aller à Paris; ensuite cette objection, qui perd déjà de sa force, ne pourrait être que pour trois des conseils de révision ; car, nul doute qu'un des quatre ne fût placé à Paris ; mais, ce qui vient la faire disparaître, c'est la facilité des communications. Nécessairement les conseils de guerre auront leur siége dans les chefs-lieux de division, et il n'est peut-être pas un seul chef-lieu de division d'où la poste ne parte tous les jours pour la capitale : il en est autrement d'un chef-lieu à un autre dans l'intérieur des provinces.

Quels sont les avantages que présente une seule cour de révision ? Le premier de tous, le plus grand, le plus important, c'est l'uniformité de la jurisprudence.

Le deuxième, c'est que l'on pourra plus facilement composer la cour d'une manière qui soit vraiment digne de la France, dont presque toutes les familles ont quelques membres dans les armées.

Le troisième, une très-grande économie; car une seule cour de révision, en doublant même le nombre de ses membres, est moins dispendieuse que quatre; et, dès le moment où l'on n'aura plus qu'une cour de révision, un seul conseil de guerre suffira par division; il suffirait dans l'état actuel de la compétence, à plus forte raison quand la connaissance de tous les délits envers les particuliers en sera retranchée. La cour de révision pourra tout aussi bien envoyer la procédure instruite par le conseil de guerre à Caen, devant le conseil de guerre de Rennes, que la renvoyer à Caen devant un deuxième conseil de guerre. Toutefois, il sera indispensable que la loi oblige la cour de révision à renvoyer le jugement annulé au conseil de guerre le plus voisin de celui qui aura rendu le premier jugement, pour ne pas perdre de temps dans le transfèrement du prévenu; qu'elle ajoute que les pièces de la procédure seront renvoyées dans les vingt-quatre heures de l'arrêt au conseil de guerre, qui devra les recevoir avec copie de cet arrêt, et que, dans le cas d'annulation, elle envoie toujours dans le même délai une copie de son arrêt au conseil de guerre dont le jugement est annulé, avec ordre de faire transférer sur-le-champ le prévenu dans la prison de la ville où siégera le conseil appelé à juger en deuxième instance. Par ces diverses précautions, l'on obviera à tous les inconvéniens.

Quels seront les grades et les qualités nécessaires pour faire partie de la cour de révision?

Suivra-t-on les erremens que nous donne la loi du 18 vendémiaire an 6? Non; je ne le pense pas: pour mon compte, je n'ai jamais bien compris celle de ses dispositions qui veut que l'on ait fait trois campagnes devant l'ennemi, pour être membre des conseils de révision; qu'une pareille épreuve soit exigée des membres des conseils de guerre, elle serait raisonnable, ce serait même convenable; il s'agit de prononcer sur le sort de militaires, pour des fautes militaires; il est naturel de présumer que l'officier qui s'est battu long-temps, qui a souvent vu les soldats au feu, connaît mieux qu'un jeune officier sans expérience, et les délits qui peuvent ébranler la discipline, et ceux qui tiennent à la lâcheté. Mais, de ce qu'on se bat bien, de ce qu'on connaît bien l'art de la guerre, l'on n'est pas plus apte qu'un autre à réviser les formes d'un jugement ; on peut être un excellent soldat, et être fort mauvais légiste : aussi a-t-on vu souvent des jugemens annulés pour des minuties, lorsque plusieurs ont été confirmés, quoiqu'ils renfermassent de véritables infractions à la loi.

La première qualité nécessaire aux membres de la cour de révision, est une instruction spéciale. L'on devrait les tirer des corps d'élite ; et si l'armée n'a qu'une cour de révision, rien n'empêchera de la bien composer sans préjudice pour le service journalier.

Voici comment on pourrait composer la cour de révision :

Un lieutenant-général, président ;

Un maréchal-de-camp, vice-président ;

Douze membres, tous officiers supérieurs ;

Un intendant militaire, procureur du roi ;

Un greffier, licencié en droit.

Tous les membres de cette cour seront inamovibles ; quant au procureur du roi, nous ne répéterons pas ce que nous avons dit plus haut sur le moyen de ne pas rendre sa position trop précaire, dans le cas où il ne participerait pas à cette inamovibilité.

C'est après avoir réfléchi mûrement, que j'ai pensé que cette inamovibilite était le seul moyen d'avoir des juges qui étudieront et connaîtront les lois : ôtez l'inamovibilité, et les membres de la cour, qui savent qu'ils retourneront à leurs corps après le terme de leur mission, ne se mettront pas à un travail aride, et qui prête peu à l'imagination active des militaires. Cette inamovibilité n'aura pas l'inconvénient qu'elle présentait pour les membres des conseils de guerre, c'est-à-dire de leur faire perdre l'esprit militaire, puisque la cour de révision ne prononce pas sur les faits, mais bien sur les formes, et que tout système qui pourra l'éloigner d'examiner les faits devra être embrassé.

Je compose cette cour de douze membres, et lui donne un vice-président, pour qu'elle puisse avoir au moins quatre audiences par semaine, et même plus s'il est besoin, et que la moitié des membres soit toujours présente.

L'on pourrait même la diviser en deux sections, si le nombre des affaires devenait trop grand. Par le même motif que l'on a un vice-président, l'on pourra donner un substitut au procureur du roi; ce substitut sera pris dans le même corps que le procureur du roi. Cette cour, ainsi composée, suffirait certainement pour toute la France; elle devra même être toujours au courant, et, pour le prouver, il suffit de faire au ministère de la guerre un relevé des affaires soumises aux conseils de révision depuis quatre ans.

Un membre de la cour fera le rapport de chaque affaire, dans laquelle le procureur du roi devra donner ses conclusions.

Quant à la détermination des cas d'annulation, je propose d'adopter les dispositions qui se trouvent dans la loi du 18 vendémiaire an 6; elles sont sages et fondées sur le droit commun.

CHAPITRE III.

Conseils de Guerre et Conseils de Révision en campagne, hors le territoire français.

La composition et la compétence des conseils de guerre et de la cour de révision, telles que nous venons de les établir, peuvent-elles s'appliquer aux troupes en campagne, hors le territoire Français? Je ne le pense pas. Devra-t-on laisser pour les troupes en campagne, les conseils de guerre établis par les lois de brumaire an 5 et vendémiaire an 6? Je ne le pense pas non plus. Si les conseils de guerre, tels que nous les établissons, ne peuvent, par la stabilité de leur composition, s'étendre au temps de guerre; d'un autre côté, les conseils de guerre établis par la loi de brumaire an 5 sont trop défectueux pour qu'ils les remplacent avantageusement. Il faut donc prendre un parti mixte : il conviendrait, je crois, d'établir un conseil de guerre par division d'armée, et un conseil de révision par corps d'armée. Le président, le juge-instructeur, le procureur du roi et le greffier, seront nommés par le général commandant en chef. Quant aux membres, ils seront nommés par le général commandant le corps d'armée, non nominativement, mais en donnant l'ordre aux différens corps de désigner chacun le nombre d'officiers déterminé; ils ne pourront être changés que tous les trois mois, à moins que les corps auxquels ils appartiennent, ne passent à un autre corps d'armée. Un régiment ne pourra fournir plus de deux membres, et jamais l'officier qui aura dressé la plainte, ne pourra faire partie du conseil. Quant aux grades des membres des conseils de guerre, je ne vois pas pourquoi ils ne seraient pas les mêmes que ceux exigés pour les membres des conseils de guerre dans l'intérieur. Cependant, pour les conseils de révision, il faudrait faire en sorte que les membres fussent également pris dans chaque division du corps d'armée.

Pour ce qui est de la compétence, l'on est obligé de la rendre telle qu'elle est définie par la loi de brumaire an 5 et celle de vendémiaire an 6, à moins de vouloir faire juger par des tribunaux étrangers les militaires qui se rendraient coupables de violences envers les habitans : faire rentrer les coupables en France, pour être jugés par les conseils de guerre de l'intérieur, serait nuire à la justice, puisqu'avec eux il faudrait faire aussi rentrer les témoins.

L'instruction et les formes du jugement seraient les mêmes que devant les conseils de guerre de l'intérieur.

TITRE II.

DE L'INSTRUCTION.

Malgré la célérité qu'exige la répression des délits militaires, l'on a senti la nécessité d'assujettir l'instruction à certaines formes.

Les dispositions de la loi du 13 brumaire an 5,

qui y ont rapport, sont comprises dans les articles 11 et suivans, jusqu'à l'article 22.

Ces articles sont ainsi conçus :

ART. 11. Tout justiciable d'un conseil de guerre, prévenu d'un délit militaire, sera remis aussitôt en état d'arrestation, sous la garde d'une force suffisante, qui en répondra.

12. L'officier supérieur commandant sur le lieu, qui, par voie de plainte, de notoriété publique, ou autrement, aura connaissance certaine d'un délit commis par un militaire ou autre justiciable du conseil de guerre, ordonnera sur-le-champ au capitaine faisant les fonctions de rapporteur, de recevoir la plainte, s'il en est fait une, de faire sur-le-champ l'information, d'entendre les témoins, d'interroger le prévenu, et de lui en rendre compte ; à défaut de plainte, il sera également procédé à l'information.

13. Après avoir reçu la plainte, le rapporteur recevra la déposition des témoins ; s'il y a des preuves matérielles du délit, il les constatera. Les témoins signeront leurs déclarations ; s'ils ne savent signer, il en sera fait mention.

Dans le cas où les témoins refuseraient de déposer ou de signer leur déposition, il sera passé outre à l'interrogatoire du prévenu.

14. Après avoir constaté le corps du délit, et reçu la déposition des témoins, il interrogera le prévenu sur ses nom, prénoms, âge, lieu de naissance, profession et domicile, et sur les circonstances du délit ; s'il y a des preuves du délit, elles seront représentées au prévenu, pour qu'il ait à déclarer s'il les reconnaît.

17. L'interrogatoire fini, il en sera donné lecture

au prévenu, afin qu'il déclare si ses réponses ont été fidèlement transcrites, si elles contiennent vérité, et s'il y persiste; auquel cas, il signera; s'il ne peut ou ne veut signer, il en sera fait mention, et l'interrogatoire sera clos par la signature du rapporteur et celle du greffier. Il sera pareillement donné lecture au prévenu du procès-verbal d'information.

18. Les interrogatoires et réponses des prévenus du même délit, seront inscrits de suite sur un seul et même procès-verbal, et séparés seulement par leurs signatures et celles du rapporteur et du greffier.

19. Après avoir clos l'interrogatoire, le rapporteur dira au prévenu de faire choix d'un ami pour défenseur.

Le prévenu aura la faculté de choisir ce défenseur dans toutes les classes des citoyens présens sur les lieux; s'il déclare qu'il ne peut faire ce choix, le rapporteur le fera pour lui.

20. Dans aucun cas, le défenseur ne pourra retarder la convocation du conseil de guerre.

21. Il sera donné au défenseur communication du procès-verbal d'information, de l'interrogatoire subi par le prévenu, et de toutes les pièces tant à charge qu'à décharge envers ledit prévenu.

22. Le rapporteur rendra compte aussitôt à l'officier commandant de l'état de la procédure, et sur-le-champ ledit officier commandant convoquera le conseil de guerre, qui se tiendra toujours au lieu indiqué par le président.

Mais, aucun de ces articles ne spécifiant la manière d'entendre les témoins, les rapporteurs suivent les formes prescrites par le Code d'instruction criminelle, article 71 et suivans ; ils suivent aussi ce qui est prescrit par le Code d'instruction criminelle, pour l'audition des témoins éloignés, lorsque ces témoins ne sont pas militaires ; mais s'ils le sont, ou s'ils sont seulement attachés à l'armée, c'est au décret du 18 prairial an 2 qu'ils ont recours. Ce décret, qu'il serait trop long de rapporter ici en entier, porte : que dans le cas où il sera besoin du témoignage de militaires ou de citoyens attachés à l'armée ou à sa suite, devant un autre tribunal militaire que celui de leur arrondissement, le rapporteur (1) rédigera et communiquera au prévenu la série des questions auxquelles il croira que le témoin devra répondre ; il tiendra note des observations de l'accusé, les lui fera signer, ou fera mention de la cause pour laquelle il n'a pas signé, et adressera le tout à son collègue de l'arrondissement (2) dans lequel seront employés ces témoins. Quand cette série de questions est revenue, le rapporteur doit communiquer les réponses à l'accusé, qui fait ses observations ; cet accusé peut même requérir d'entendre de nouveau les témoins ; et, pour la deuxième série de questions, on suit les mêmes formes que pour la première. Dans le principe, et d'après cette même loi, de pareilles dépo-

(1) Il y a, dans le décret, l'officier de police judiciaire, civile ou militaire, le directeur du jury, l'accusateur public ou militaire ; mais, pour ce qui est des magistrats civils, la loi du 3 brumaire de l'an 4 est venu abolir celle dont nous parlons, et les accusateurs militaires et les officiers de police judiciaire ont été remplacés, d'après la loi du 13 brumaire an 5, par les rapporteurs.

(2) Par arrondissement, il faut entendre division militaire.

sitions devaient être considérées comme dépositions orales par les officiers de police, par les tribunaux de police correctionnelle, par les directeurs du jury, par les jurés d'accusation ; dans les affaires soumises au jury de jugement, ces déclarations et les observations faites par l'accusé étaient lues à celui-ci publiquement, lors des débats ; ensuite, le président demandait aux jurés s'ils étaient en état de prononcer sans entendre oralement les témoins ; le jury se retirait dans sa chambre, et décidait la question à la simple majorité. Maintenant qu'il n'existe plus ni tribunaux de police correctionnelle militaire, ni jury d'accusation, ni jury de jugement, ce sont les conseils de guerre qui examinent ces dépositions ; ils sont même forcés de juger d'après elles, comme nous le démontrerons plus tard.

En suivant l'application de la théorie de la loi de brumaire an 5, nous dirons que ce sont les lieutenans-généraux, ou ceux qui les représentent, qui donnent l'ordre de traduction ; ce sont eux qui envoient au rapporteur les pièces, et qui, dans l'ordre d'instruire, qualifient le délit ; c'est d'après cet ordre que le rapporteur instruit : s'il découvre, pendant l'instruction, quelque nouveau délit, il doit en rendre compte au lieutenant-général, qui prononce si on l'ajoutera à celui ou ceux déjà mis à la charge du prévenu. L'instruction terminée, le rapporteur en rend aussi compte au lieutenant-général, qui donne l'ordre de convoquer le conseil ; cet ordre fixe le jour de l'audience, le président fixe l'heure.

En Angleterre, lorsque l'ordre d'assembler une cour martiale est donné par l'autorité compétente, le juge-avocat reçoit les pièces, et l'indication des charges sur lesquelles il doit poursuivre. Il poursuit *seul* dans les affaires d'insubordination ou de désertion; et, dans les affaires où il y a un plaignant, c'est ce dernier qui doit poursuivre; seulement, il requiert le juge-avocat de se joindre à lui, dans l'intérêt de la couronne (1), au nom seul de laquelle le juge poursuit. Mais, soit qu'il poursuive d'office, ou comme partie jointe, il instruit sur toutes les circonstances, et cette instruction est particulière; il la fait pour pouvoir connaître tous les faits qui sont prouvés contre le prévenu, et rédiger son acte d'accusation en conséquence : aussitôt après, il doit donner connaissance au prévenu du jour et du lieu des audiences de la cour martiale, et lui délivrer une copie exacte des charges qui sont produites contre lui. Une fois cette copie donnée, les charges ne peuvent plus être changées; la remise en est faite à l'accusé, avec les noms et une *désignation* suffisante des témoins qui doivent les soutenir, ainsi que des membres composant la cour qui doit prononcer sur son sort. Ce juge doit demander à l'accusé la liste de ses témoins. (Le droit de fournir des témoins appartient aux deux parties, qui peuvent faire connaître les motifs de récusation et de suspicion qu'ils ont contre les témoins de l'adversaire.) Le juge-avocat assigne tous les témoins, pour qu'ils puissent être entendus au jour fixé pour l'audience de la cour. Dans les causes d'une grande importance, et dans celles où les faits sont d'un examen difficile, le Roi, ou le commandant en chef autorisé, nomme des cours d'enquête pour les exa-

(1) Par couronne, on doit entendre ce que nous entendons par *vindicte publique*.

miner, et décider si les prévenus doivent être renvoyés devant une cour martiale générale. « Il arrive quelquefois que le Roi, dit Adye, en vertu des prérogatives de la couronne, qui lui permettent de renvoyer les officiers ou soldats de son service, sans forme de jugement, après avoir pris l'avis des cours d'enquête (dont les membres ne peuvent pas siéger ensuite à la cour martiale générale), se contente de renvoyer du service les personnes inculpées. »

Quant aux mesures de sûreté, pour assurer la comparution des prévenus devant les cours martiales, les articles de guerre ordonnent que tout officier qui aura commis un délit sera mis aux arrêts ; si c'est un soldat, il sera emprisonné, jusqu'à ce qu'il soit jugé par la cour martiale générale, ou mis en liberté par une autorité compétente. Pour empêcher que les arrestations ne devinssent arbitraires, les articles de guerre ont voulu qu'un officier ou soldat qui sera mis aux arrêts ou emprisonné, ne pût être détenu plus de huit jours, ou jusqu'au temps où la cour martiale générale pourra convenablement s'assembler. Une autre disposition dit que l'officier qui quittera ses arrêts avant d'être mis en liberté par l'officier qui l'y aura mis, ou par un pouvoir supérieur, sera cassé, s'il en est convaincu devant une cour martiale générale.

Quand l'ordre de convocation de la cour est signé du Roi, et que tous les membres y sont désignés, l'ordre est notifié à ces membres par le juge-avocat ou son délégué ; si l'ordre est d'un commandant en chef, il est ordinairement notifié par l'adjudant-général aux chefs des corps dans lesquels les officiers doivent être pris.

Si nous reportons notre attention sur ce qui se

pratique en France, nous trouvons que c'est le lieutenant-général, commandant la division, qui qualifie le délit, et donne l'ordre d'instruire au rapporteur; il remplit donc près des conseils de guerre, à lui seul, les fonctions qui sont confiées, dans les tribunaux civils, aux chambres du conseil et à celles d'accusation près les cours royales. Quand un délit, ou seulement une circonstance aggravante se découvre dans l'instruction, le rapporteur doit lui en rendre compte, et il prononce si on doit l'ajouter à celui pour lequel le prévenu est déjà traduit. Un pareil pouvoir dans les mains d'un seul homme, quelque confiance qu'il mérite, est trop étendu, surtout lorsqu'on saura que les conseils ne peuvent prononcer que sur le fait qui leur est désigné dans l'ordre de convocation, et que les questions doivent être posées dans les termes de cet ordre. En conséquence, quand un homme, qui est traduit comme prévenu de désertion, se trouve, par les débats, convaincu d'avoir déserté *avec armes*, le conseil ne peut pas statuer sur cette circonstance, si elle n'est pas mentionnée dans l'ordre de convocation. La justice aura ainsi été mal rendue, parce que le général, ou pour mieux dire un des commis de l'état-major, aura fait une omission. Mais le vice de la loi est plus sensible encore dans la poursuite des délits qui sont susceptibles d'être qualifiés de différentes manières, attendu que le choix de ces qualifications est abandonné à l'arbitraire.

Il serait donc bien intéressant de faire cesser cet état de choses, et de laisser, comme en Angleterre, à la cour martiale le délit à définir. La cour de révision est *là* pour rectifier son jugement, si le conseil s'est trompé. Le général devra seulement envoyer au juge-instructeur l'ordre d'instruire, en y joignant les pièces du procès.

Le juge-instructeur ayant reçu les pièces, instruit : mais peut-être, dira-t-on, si le général ne qualifie pas le délit, sur quoi portera l'instruction? A cela je répondrai que le juge-instructeur instruira sur les faits énoncés dans les pièces qui lui auront été adressées, et particulièrement sur ceux rapportés dans la décision du conseil de discipline : or, ces faits ne peuvent être que des faits d'insubordination, de désertion, de vols envers camarades, ou de violences entre militaires ; plus, de légers larcins envers les particuliers ; et l'instruction faite, il est bien plus facile de les préciser, que l'on ne pourrait le faire auparavant, lorsque toutes les circonstances qui ont précédé, accompagné ou suivi les faits, ne peuvent jamais être bien connues : ainsi, l'instruction faite, le juge-instructeur, qui pourra beaucoup mieux que tout autre préciser le délit, le premier de ses devoirs étant de bien connaître la loi, appréciera les faits, les qualifiera ; de plus, pour que l'accusé puisse savoir, non pas les faits qu'on lui reproche, parce que, comme nous allons le voir, il devra les connaître aussitôt après sa traduction devant le conseil de guerre, mais pour qu'il puisse connaître, avant les débats, le délit ou crime que les faits constituent, d'après l'information, le juge-instructeur devra lui signifier une espèce d'acte d'accusation, au moins vingt-quatre heures avant le jour du jugement. Cet acte d'accusation devra préciser, non-seulement le délit, mais aussi les principales charges qui s'élèvent contre lui. Cette innovation n'entraîne aucune longueur, et donne une sûreté de plus ; dès-lors, on ne doit pas balancer à l'introduire. Cependant, je me hâte de déclarer qu'il ne faut pas que l'opinion du juge-instructeur lie le conseil de guerre, comme le liait celle du lieutenant-général; aussi, dans le cas où, après les débats, et avant d'entrer dans la chambre des délibérations, le président penserait que le délit a été mal qualifié, ou a changé de nature d'après les débats, il proposera une nouvelle rédaction, ou une position de questions subsidiaires; il en fera lecture, et entendra les observations qu'auront à faire, et le ministère public, et l'accusé : dans le cas où aucune des parties ne s'opposerait à ces changemens ou additions, ils seront adoptés; dans le cas contraire, le conseil sera appelé à délibérer, et leur adoption ou leur rejet aura lieu à la majorité des voix.

La qualification du délit fixée de manière à ne rien laisser à l'arbitraire, examinons si l'instruction se fera comme maintenant, si les témoins seront entendus suivant les formes voulues par le Code d'instruction criminelle, et si l'on conservera les dispositions du décret du 18 prairial an 2, pour l'audition des militaires éloignés; je penche pour l'affirmative : 1° Pour ce qui est des formes voulues par le Code d'instruction criminelle, parce que plus on pourra rapprocher l'instruction devant les conseils de guerre de celle devant les tribunaux ordinaires, et moins les premiers seront considérés comme tribunaux d'exception; 2° pour ce qui est des dispositions de la loi du 18 prairial an 2, parce qu'elles donnent de grandes sûretés à l'accusé, parce que jusqu'ici personne ne s'est plaint de leur exécution; qu'au contraire, ces dispositions assurent que les témoins répondront sur les faits articulés; et, en ajoutant, comme on le fait ordinairement, que le témoin déposera en outre sur tout ce qui est à sa connaissance dans l'affaire, on n'a pas à craindre que quelque circonstance inconnue reste ensevelie, parce que le rapporteur n'aura pas pu en faire l'objet d'une question; il y a plus, je voudrais que ce mode de commission rogatoire fût aussi adopté pour les témoins non-militaires, qui ne pourraient être entendus que par le juge d'instruction de l'arrondissement, ou le juge de paix du canton dans lequel ils habiteraient. Cependant, je ne voudrais pas que le conseil de guerre eût toute confiance à des déclarations recueillies ainsi, et qu'il fût forcé d'y avoir égard comme à des dépositions orales; la même latitude que celle qui était accordée au jury de jugement, doit lui être laissée à cet égard; car tous les magistrats savent l'énorme différence qui existe entre des déclarations écrites et celles passées contradictoirement et oralement; le geste, la physionomie, la hardiesse ou l'incertitude avec laquelle un témoin s'exprime, sans parler de l'épreuve quelquefois si précieuse de la confrontation, portent plus ou moins la conviction chez le juge; c'est donc à lui à déterminer si ces déclarations écrites lui suffisent pour asseoir son jugement, ou s'il est besoin que les personnes qui les ont passées comparaissent devant lui.

Voilà pour les témoins: quant à l'accusé, l'interrogera-t-on, comme le veut la loi de brumaire an 5, seulement après l'audition de tous les témoins? Je ne le pense pas, et je voudrais que les dispositions du Code d'instruction criminelle fussent applicables à l'accusé comme aux témoins; c'est-à-dire que l'accusé fût interrogé dans les vingt-quatre heures de son arrivée à la prison du conseil de guerre. Sans revenir sur les motifs qui ont déterminé le législateur à vouloir que le prévenu fût interrogé dans ce délai, j'observerai seulement que le premier acte d'une instruction doit être de faire connaître au prévenu les faits pour lesquels il est arrêté. Il est par trop cruel de laisser languir pendant des mois entiers des malheureux, avant de leur dire seulement les causes de leur arrestation, lorsque souvent un mot d'eux déchirerait le voile qui couvre la vérité. Un vieil auteur, Ayrault, lieutenant-criminel de Charles IX, cité par M. Dupin dans son ouvrage sur la législation criminelle, s'exprimait ainsi sur ce sujet : « C'est véritablement couper la » gorge à l'accusé, que de lui tenir secret ce dont » on le veut accuser, jusques à l'instant qu'on lui » amène témoins (1). » Que dirait donc ce publiciste, s'il voyait que les faits de l'accusation ne sont connus du prévenu, suivant la loi militaire, qu'après l'audition de tous les témoins, et deux ou trois jours seulement avant l'ouverture des débats. Le premier interrogatoire servira de base à l'instruction; en outre, on obviera à un inconvénient qui vient souvent entraver la justice dans sa marche, et cela, en prévenant par cet interrogatoire les conseils perfides que reçoivent dans les prisons les jeunes militaires qu'une faute contre la discipline y amène. Le juge-instructeur pourra, après l'audition des témoins, entendre de nouveau l'accusé s'il le juge convenable.

---

(1) Quoique l'instruction fût déjà secrète à cette époque, il y avait cependant confrontation de l'accusé avec les témoins qu'on entendait.

Je crois que, l'instruction terminée, c'est au président du conseil, et non au général qu'il appartient de fixer le jour des débats, et il semble que, dès que le général a envoyé les pièces d'une procédure au conseil, il doit y rester tout-à-fait étranger. En Angleterre, c'est le Roi, ou le général investi de l'autorité royale, qui spécifie le jour et l'heure de l'audience, dans l'ordre de convocation de la cour; mais on ne peut en tirer un argument contre l'opinion qui vient d'être émise; car, comme cet ordre de convocation nomme le président, que la cour est assemblée souvent pour un seul délit, et que ce ne sont pas les mêmes membres qui siégent, lorsqu'on en convoque une deuxième, ce serait perdre du temps que de nommer le président, sans désigner le jour et l'heure de la convocation.

Reste à examiner à quelle époque de la procédure l'accusé pourra communiquer avec son avocat, ou défenseur, s'il en a choisi un; et, dans le cas contraire, quand il doit lui en être donné un. Je voudrais que ce fût après le premier interrogatoire. Les réponses de l'accusé, non encore empreintes des mauvais conseils qu'on aurait pu lui suggérer, s'y trouvent consignées; il n'y a donc plus de craintes à avoir de ce côté, et il est juste que l'accusé ait, aussitôt après cet interrogatoire, un guide qui puisse lui fixer la marche qu'il a à suivre, faire un choix parmi les témoins qu'il pourrait indiquer pour sa défense, et enfin lui donner les avis dont il peut avoir besoin.

En ne donnant la permission de communiquer avec l'accusé qu'après l'instruction faite, il arrive souvent que l'accusé comparaît devant ses juges, sans avoir eu le temps de compléter sa défense. Je m'explique : aussitôt l'instruction terminée, en même temps que l'on envoie la demande de convocation du conseil, l'on envoie au défenseur l'autorisation de communiquer avec le prévenu. Le conseil est convoqué pour un ou deux jours après; et si le défenseur ne se trouve pas chez lui, au moment de l'arrivée de la permission de communiquer, c'est seulement à l'ouverture de l'audience qu'il peut user de cette permission. En admettant même que ce permis lui arrive aussitôt l'instruction terminée, comme c'est seulement un, deux ou trois jours avant le jugement, il ne peut faire assigner des témoins à décharge, parce que le temps lui manque, et que l'article 26 de la loi du 13 brumaire an 5, dit: « Qu'en aucun cas le défenseur ne pourra retarder la convocation du conseil. » Ainsi le conseil obligé par cette même loi de juger définitivement sans désemparer, se trouve exposé à prononcer bien que non suffisamment éclairé.

TITRE III.

DU JUGEMENT ET DE L'EXÉCUTION.

L'INSTRUCTION terminée, le conseil convoqué, il nous reste à rappeler les formes qui sont suivies pour le jugement et pour l'exécution.

Les articles de la loi du 13 brumaire an 5, qui y ont rapport, s'expriment ainsi:

23. « Le conseil de guerre une fois assemblé, ne pourra désemparer avant que les prévenus pour

lesquels il aura été convoqué, ne soient définitivement jugés. »

24. « Les séances du conseil de guerre seront publiques, mais le nombre des spectateurs ne pourra excéder le triple de celui des juges; ils ne pourront entrer avec armes, cannes, ni bâtons; ils s'y tiendront chapeau bas, et en silence; et si quelqu'un d'entre eux s'écartait du respect dû au tribunal, le président pourra le reprendre et le condamner à garder prison jusqu'au terme de quinze jours, suivant la gravité du fait. »

25. « Le conseil étant assemblé, le président fera apporter et déposer devant lui, sur le bureau, un exemplaire de la loi : le procès-verbal fera mention de cette formalité indispensable : il demandera ensuite au rapporteur la lecture du procès-verbal d'information, et celle des pièces à charge comme à décharge envers le prévenu. »

26. « Lecture faite du procès-verbal et des pièces, le président ordonnera que l'accusé soit amené devant le conseil; l'accusé paraîtra devant ses juges, libre et sans fers, accompagné de son défenseur; l'escorte restera en dehors de la salle du conseil, ou elle y sera introduite, selon que le président en ordonnera. »

27. « Le président interrogera l'accusé, lequel répondra par lui, ou par son défenseur, excepté sur les questions auxquelles il sera interpelé de répondre personnellement. Les membres du conseil pourront faire des questions à l'accusé. »

28. « Si la partie plaignante se présente au conseil, elle y sera admise et entendue; elle pourra faire ses observations, auxquelles l'accusé répondra, ou son défenseur pour lui; après quoi, le pré-

sident demandera à l'accusé et à son défenseur s'ils n'ont rien à ajouter pour leur défense ; sur leur réponse négative, il leur ordonnera de se retirer : l'accusé sera reconduit à la prison par son escorte. »

29. « Le président demandera aux membres du conseil s'ils ont des observations à faire ; sur leur réponse, et avant d'aller aux opinions, il ordonnera que tout le monde se retire : les membres du conseil opineront à huis-clos, en présence seulement du capitaine faisant les fonctions de commissaire du roi. »

30. « Le président posera la question ainsi qu'il suit : *N...., accusé d'avoir commis tel délit, est-il coupable ?*

« Il recueillera les voix, en commençant par le grade inférieur, il émettra son opinion le dernier. »

31. « Dans le cas où trois membres du conseil déclareraient que l'accusé n'est pas coupable, il sera mis sur-le-champ en liberté, et rendu à ses fonctions. »

32. « Si le conseil déclare à la majorité de cinq voix que l'accusé est coupable, l'officier faisant les fonctions de commissaire du roi, requerra l'application de la peine prononcée par la loi contre le délit ; le président lira le texte de la loi, et prendra l'avis des juges, pour l'application de la peine, qui sera déterminée par la majorité de cinq voix. »

33. « Dans le cas où la majorité de cinq voix ne se réunirait pas pour l'application de la peine, l'avis le plus favorable à l'accusé sera adopté. »

34. « Les opinions ainsi recueillies, le président fera rouvrir la porte du conseil ; le rapporteur et le greffier reprendront leur place. »

35. « Le président, après avoir rendu à haute

voix, et fait inscrire au procès-verbal la décision du conseil sur la culpabilité de l'accusé, lira de nouveau le texte de la loi, et appliquera la peine prononcée par le conseil. »

36. « Le jugement de condamnation ainsi prononcé, le président ordonnera au rapporteur de faire ses diligences pour qu'il soit mis de suite à exécution.

» Le greffier, en présence du conseil, écrira le jugement motivé au pied du procès-verbal, qui sera ensuite clos et signé de tous les membres du conseil, du rapporteur et dudit greffier. »

37. « Dans le cas prévu par l'article 31 ci-dessus, le procès-verbal sera terminé par le renvoi ou la décharge d'accusation, et la mise en liberté du prévenu, clos et signé comme il vient d'être dit. »

38. « Le rapporteur, muni de la copie du jugement, ira de suite en faire lecture à l'accusé, en présence de la garde rassemblée sous les armes : aussitôt après cette lecture, le rapporteur se rendra auprès de l'officier commandant; il lui donnera connaissance de la sentence, et le requerra, au nom du conseil, de donner les ordres sur-le-champ, pour le lieu et l'heure de l'exécution, et le nombre d'hommes en armes qui devra s'y trouver. »

Depuis, la loi du 18 vendémiaire an 6 est venue modifier les dispositions de ce dernier article, qui avait été fait pour un temps où les jugemens des conseils de guerre n'étaient pas soumis à l'appel; l'art. 2 de cette loi ayant donné le droit d'appel à l'accusé et au commissaire du roi, ce n'est qu'après que le jugement est devenu exécutoire, que le rapporteur peut le faire exécuter, et requérir l'officier commandant, conformément à la loi de brumaire an 5.

Si l'on a lu attentivement les articles rapportés, on s'apercevra qu'aucun ne parle de l'audition des témoins devant le conseil; cependant, ils sont entendus, et mention doit même en être faite sur le procès-verbal, ainsi que l'attestent les formules de procès-verbaux jointes à la loi, et auxquelles on a voulu donner la même force qu'à la loi elle-même. Les témoins sont entendus après l'interrogatoire du prévenu, et d'après ce qui est prescrit par le Code d'instruction criminelle.

En Angleterre, la cour martiale générale est assemblée d'après l'ordre primitif de convocation; ses audiences sont publiques, et elle punit à sa discrétion ceux qui font du tumulte, ou lui manquent de respect.

Tous les membres étant réunis, le prévenu est introduit et appelé à la barre par son nom; il est libre et sans fers, à moins que l'on ne craigne son évasion. Le président remet alors l'ordre de convocation au juge-avocat, qui en fait la lecture, ainsi que de celui qui le nomme comme *poursuivant et recorder* (1) de la cour; il appelle ensuite tous les membres de la cour, qui prennent rang suivant leur grade et leur ancienneté dans le grade.

Le juge-avocat demande à l'accusé s'il a quelque objection à faire, ou quelque récusation à exercer contre les juges présens; s'il en a, il doit en faire connaître le motif; le président et les membres de la cour délibèrent eux-mêmes sur ce motif (2).

---

(1) *Recorder* signifie qui tient la plume; le juge-avocat remplit les doubles fonctions du ministère public et du *greffier*.

(2) La loi anglaise reconnait au prévenu le droit de récusation

Après les récusations prononcées s'il y a lieu, le juge-avocat *administre* le serment prescrit par *l'act-mutiny* au président et à tous les membres de la cour; ce serment est prêté sur l'évangile, et chaque membre, après sa prestation, baise le livre saint: tous les membres de la cour ayant rempli ce devoir, le président fait prêter un serment particulier au juge-avocat, dans les mêmes formes: le serment des membres de la cour est ainsi conçu:

» Je jure que je rendrai la justice, dûment et conformément aux règlemens et articles de guerre » établis pour le meilleur gouvernement des troupes de Sa Majesté, et conformément à l'acte du » parlement, maintenant en vigueur pour la répression de l'insubordination, de la désertion, et autres crimes qui y sont mentionnés, sans partialité, faveur, ni affection; et si quelque doute s'élevait, qui ne fût point expliqué par lesdits articles ou par l'acte du parlement, conformément » à ma conscience et à l'usage de la guerre, en pareil cas; je jure encore que je ne divulguerai pas » la sentence de la cour, avant qu'elle ait été approuvée par Sa Majesté, ou par quelque personne

péremptoire, c'est-à-dire de récuser telle ou telle personne du jury, sans spécifier de motif; cette espèce de récusation n'est pas admise dans les cours martiales, dit *sir James*, en répondant à *Adye*, qui pense le contraire, parce que les membres des cours martiales ne sont pas seulement des jurés, mais aussi des juges; que dans les cours civiles ce privilége est limité aux seuls jurés, que l'on peut facilement remplacer à l'instant par d'autres, et il n'en est pas de même des juges, et surtout des membres de cours martiales, dans lesquelles l'usage n'a jamais été pour ce privilége.

» autorisée par elle; que je ne divulguerai, à quel-
» que titre et à quelque époque que ce soit, le
» vote ou l'opinion individuelle d'un membre quel-
» conque de la cour martiale, à moins que je ne
» sois requis d'en rendre témoignage, comme té-
» moin, par une cour de justice ou une cour mar-
» tiale, dans les formes ordinaires de la loi. Que
» Dieu me soit en aide. »

Le serment du juge-avocat est beaucoup plus court, ce n'est que la dernière partie de celui des juges; le voici :

« Je jure que je ne divulguerai point, à quelque
» titre et quelque époque que ce soit, le vote ou l'o-
» pinion individuelle d'un membre quelconque de
» la cour martiale, à moins que je ne sois requis
» d'en rendre témoignage, comme témoin, par une
» cour de justice, ou une cour martiale, dans les
» formes ordinaires de la loi : que Dieu me soit en
» aide. »

La cour constituée, le juge-avocat invite l'accusé à être attentif aux charges qui vont être déduites contre lui; il les lit: après cette lecture, la cour lui demande s'il se reconnaît coupable ou non des faits énoncés dans l'acte d'accusation. Si le prévenu ne veut pas répondre par obstination, ou répond d'une manière impertinente, et par des faits étrangers à la question, la cour l'avertit que s'il persiste dans cette obstination, il sera considéré comme convaincu; et si cet avertissement ne produit pas d'effet, la cour doit procéder au jugement comme si le prisonnier était régulièrement convaincu. Si le prévenu avoue le crime, avec toutes les circonstances, la cour peut, *par humanité*, l'engager à se rétracter; parce que, quelquefois, il pourrait avouer dans l'espérance de la grâce : néanmoins, si les circonstances rapportées par l'accusé sont les mêmes que celles qui se trouvent dans l'accusation, la cour peut passer de suite au jugement; si l'acte d'accusation ne rapporte pas les circonstances, elle doit entendre les témoins, comme si le prévenu niait sa culpabilité.

Les témoins sont entendus de la manière suivante : le juge-avocat commence par *examiner* les témoins produits à charge ; quand il a fini son examen, le prévenu les examine à son tour, et ensuite, la cour leur fait les interpellations qu'elle juge convenables, dans l'intérêt de la vérité ; après l'audition des témoins à charge, on entend ceux du prévenu ; il les examine, et le *poursuivant* après lui ; le juge-avocat, comme *recorder* de la cour, tient note exacte de chaque déposition. Un témoin peut être interrogé isolément, en faisant sortir ceux qui l'ont précédé. La cour ne donne de conseil à l'accusé que sur sa demande : la raison qu'en donne *sir James*, est que les membres de la cour, quoique hommes habiles sans doute, et d'un jugement sain, étant peu habitués, par leur profession, à la chicane, on a craint qu'ils ne fussent influencés par les subtilités de l'avocat. Après l'audition de tous les témoins, le prévenu fait toutes les observations qu'il pense lui être favorables sur leurs déclarations ; celui qui poursuit réplique, et si, dans ces espèces de plaidoiries, de nouveaux faits se font connaître, on peut réinterroger les témoins sur ces faits. Les observations terminées, la cour, après avoir ordonné aux parties et aux spectateurs de se retirer, fait fermer les portes ; elle fait lire au juge-avocat les notes qu'il a tenues sur les débats, non-seulement pour se rappeler les faits, mais aussi pour examiner si elles s'accordent avec celles tenues par les membres. Les charges discutées, le juge-avocat pose les questions; le plus jeune (*youngest*) des membres écrit son vote, et ainsi de suite; le président vote toujours le dernier; les voix comptées, si le prisonnier est déclaré non coupable, il est acquitté; si la majorité le déclare coupable, les voix sont recueillies de la même manière, pour l'application de la peine. La peine de mort ne peut jamais être prononcée à une majorité moindre de neuf officiers sur treize, et des deux tiers des membres, s'ils sont plus nombreux. Le concours des deux tiers est toujours nécessaire, même dans les *cours* assemblées en Afrique, le nombre des membres fût-il moindre de treize. La cour doit délibérer sur toutes les questions. La sentence prononcée, elle est envoyée au Roi ou au commandant en chef avec un rapport, et cette sentence n'est connue et mise à exécution qu'après l'approbation du Roi ou du commandant en chef, qui en a le pouvoir spécial : si elle n'est pas approuvée, l'ordre peut être donné à la cour, ou à une autre, de réviser la sentence; mais la révision ne peut avoir lieu plus d'une fois. Jamais le Roi ne peut changer, de sa propre autorité, une des dispositions de la sentence; il peut seulement faire des observations aux cours martiales, et faire remise de tout ou partie de la peine prononcée.

Le premier vice que je remarque en France, c'est l'omission du serment pour les juges. Quoi! vous tirez du sein des régimens des hommes qui n'ont jamais fait partie des tribunaux, et rien ne leur indique l'importance du devoir qu'ils vont remplir, rien ne leur dit combien il est secret, combien il est sacré! ils viennent siéger comme magistrats, sans plus de formes que s'ils se plaçaient pour voir une représentation de théâtre! Ils vont prononcer sur le sort de leurs semblables, et ils ne font pas même le serment de juger avec impartialité! Il faut un serment, et je crois qu'un serment conçu à peu près dans les mêmes termes que celui que l'on fait prêter aux membres des cours martiales, est le meilleur : non-seulement il fait promettre aux juges de prononcer suivant leur conscience, mais aussi il leur défend de divulguer le vote particulier de chaque membre, et cette défense est une grande sûreté pour l'indépendance de l'opinion. Mais, fera-t-on prêter ce serment à tous les membres des conseils de guerre? Ceux qui seront inamovibles devront le prêter en entrant en charge; les autres, à chaque audience : l'inamovibilité des uns donne une garantie qu'il faut chercher à avoir des autres, en leur remettant constamment sous les yeux toute la grandeur de leurs fonctions.

Un deuxième vice, c'est de forcer le conseil de guerre, une fois assemblé, à juger définitivement sans désemparer. L'on sent, à la seule lecture d'une pareille disposition, combien elle est contraire à l'administration d'une bonne justice. Que le juge-instructeur soit ou ne soit pas suffisamment indépendant par sa position (1), le sort des accusés n'est pas moins dans les mains de ce magistrat. Si la condamnation d'un malheureux est nécessaire pour

---

(1) A Paris, les rapporteurs, depuis nombre d'années, ont toujours été des officiers de l'état-major général.

l'exemple, l'instruction sera faite en conséquence, et l'homme périra victime de l'opinion admise de la nécessité d'un exemple. Il est donc pressant de modifier cet article, et de le réduire à ce sens, que le conseil ne pourra pas juger plusieurs affaires à la fois (1), et qu'il ne pourra renvoyer l'affaire sur laquelle il sera appelé à prononcer, que pour plus ample informé, soit sur la compétence, soit sur les faits.

Il reste une question à agiter, c'est celle de savoir si le procureur du roi entrera avec les juges dans la chambre des délibérations. Pourquoi, dans ce cas encore, ne pas se rapprocher des formes suivies devant les tribunaux ordinaires ; là, il est expressément défendu au magistrat qui remplit les fonctions du ministère public, de s'immiscer en aucune façon dans les délibérations des juges, par le motif, sans doute, que la présence du magistrat chargé de la poursuite a paru être de nature à inquiéter le prévenu, et à faire penser au public que peut-être il ne régnait pas, par cette circonstance même, dans les délibérations, une parfaite liberté, une complète indépendance. Dans le fait, le ministère public et le prévenu viennent de soutenir des intérêts diamétralement opposés ; et s'il est interdit à l'une des parties de franchir le seuil de la chambre où le tribunal s'est retiré pour délibérer, pourquoi cette interdiction n'existerait-elle pas également à l'égard de l'autre ? Les juges une fois rentrés en séance, le procureur du roi, *d'après les faits déclarés constans*, requerrait publiquement l'application de la

(1) L'on a vu des hommes prévenus de désertion, jugés en masse, quoiqu'ils ne fussent pas complices les uns des autres.

peine, et on laisserait au coupable cette dernière ressource, qui lui est si justement accordée par la loi commune, de faire des observations sur cette même application.

Je ne parlerai pas des voix nécessaires pour former la majorité ; les dispositions existantes sont tout ce qu'on peut désirer.

Voilà pour les formes des jugemens ; voyons celles de l'exécution. D'après la loi de brumaire an 5, le rapporteur est chargé de l'exécution ; il doit requérir le commandant de fournir le nombre d'hommes nécessaire, et de fixer *sur-le-champ* le lieu et l'heure de l'exécution. Comme nous l'avons dit, la loi du 18 vendémiaire an 6 ayant soumis les jugemens des conseils de guerre à l'appel, ce n'est qu'après que la décision du conseil de révision est connue, que le rapporteur peut demander l'exécution. Mais les généraux commandans se sont attribué l'exécution des jugemens ; ils la suspendent suivant leur volonté, et aucune disposition de la loi ne leur a cependant donné ce pouvoir. Le rapporteur leur rend compte du jugement ; le général fait *seul* exécuter.

Je pense que le général ne doit pas être chargé de l'exécution, mais bien le procureur du roi, qui, comme je l'ai expliqué, remplirait, dès l'audience, les fonctions du rapporteur, et celles qui lui étaient confiées. Le général devra indiquer les lieux où se feront toutes les exécutions, et donner des ordres, sur l'invitation du procureur du roi, pour que le nombre d'hommes nécessaire s'y trouve. L'exécution devra toujours s'effectuer dans les vingt-quatre heures, à compter de l'instant où le jugement, devenu *exécutoire*, aura été lu au condamné. Quant aux suspensions, le conseil jugera s'il convient de

5

les accorder ; il peut seul bien apprécier les motifs sur lesquels la demande est fondée, et en transmettant le jugement au général commandant, le procureur du roi lui ferait connaître quelle a été la décision du conseil à cet égard : le général la transmettrait au ministre, qui prendrait les ordres du Roi.

TITRE IV.

DE LA PRESCRIPTION.

Une des choses qui m'ont le plus frappé, dans notre législation, c'est qu'aucune prescription ne soit appliquée aux délits militaires, et, cependant, ce sont ceux que le temps devrait effacer le plus promptement. Ce sont surtout ceux auxquels on peut plus qu'à tous autres appliquer cette opinion de Beccaria : « L'obscurité qui a enveloppé long- » temps le délit diminue de beaucoup la nécessité » de l'exemple, et permet de rendre au citoyen son » état et ses droits, avec le pouvoir de devenir meil- » leur. » Veut-on fortifier cette opinion d'un exemple? un homme commet un acte d'insubordination ; il n'est pas puni sur-le-champ ; l'affaire tombe dans l'oubli ; cet homme finit honorablement sa carrière militaire et rentre dans le sein de sa famille, et rien ne s'oppose à ce que, dix ans après sa rentrée, on ne vienne l'arracher à sa femme, à ses enfans, à sa famille, pour le traîner devant un conseil de guerre, et lui faire expier une faute dont le temps aurait dû faire perdre jusqu'au souvenir.

La loi anglaise a été plus prévoyante, et voici la disposition relative à la prescription :

« Aucune personne ne pourra être susceptible » d'être traduite et punie par une cour martiale, » pour délit prévu par l'*act-mutiny* ou les articles » de guerre, *trois ans* après l'issue de la commis- » sion ou de l'ordre pour son jugement, à moins » que cette personne, par sa fuite, ou autre empê- » chement manifeste, n'ait pu être conduite devant » ses juges pendant ce temps : en ce cas, elle ne » pourra être jugée deux ans après que l'empêche- » ment aura cessé. »

Ainsi, le législateur anglais a voulu que, quoiqu'un ordre d'assembler une cour martiale eût été donné, il ne fût pas possible de juger un prisonnier pour lequel la cour aurait été convoquée, s'il s'écoulait plus de trois ans entre cet ordre et le jour de son jugement. La loi anglaise a voulu aussi éviter, par cette disposition, que l'on pût mettre à la charge d'un homme, qui serait traduit devant une cour martiale, des faits qui se seraient passés trois ans avant la convocation d'une nouvelle cour, pour un fait nouveau; ce qui, malheureusement, n'arrive que trop souvent dans les conseils de guerre français.

En France, comme nos conseils de guerre sont permanens, ce n'est pas de l'ordre de leur convocation que la prescription doit compter, mais du jour du délit, ou de la date de la dernière pièce de l'instruction, s'il en a été commencé une : c'est la loi commune ; elle doit être applicable aux délits militaires comme aux délits communs, dès le moment où il y a possibilité.

Quel sera le temps pour la prescription d'un délit, militaire de sa nature, tel que l'insubordination, les voies de fait envers un supérieur ? Deux ans me paraissent un délai convenable ; la prescription doit être acquise d'autant plutôt, que les délits sont punis de peines extraordinaires.

Pour les délits et crimes de vols et de violences entre militaires, comme ils rentrent dans les délits communs, il est convenable d'observer les délais donnés par le Code d'instruction criminelle.

DEUXIÈME PARTIE.

TITRE PREMIER.

DES PEINES EN GÉNÉRAL.

« Les peines d'une rigueur déraisonnable, surtout si elles sont appliquées indistinctement, ont moins d'effet, pour empêcher les crimes et améliorer les mœurs, que celles qui sont plus humaines en général, mais convenablement graduées par de justes distinctions de sévérité. » (*Blackstone*, livre 4, chapitre 1er.)

« L'excessive rigueur des lois s'oppose à ce qu'elles soient exécutées ; quand la punition passe toute mesure, on préfèrera souvent qu'il y ait impunité. » (*Montesquieu*, *Esprit des Lois*, livre 6, chap. 13.)

« L'expérience a fait remarquer que, dans les pays où les peines sont douces, l'esprit du citoyen en est frappé, comme il l'est ailleurs par les grandes. » (*Idem*, *idem*, *idem*, chap. 12.)

« Qu'on examine la cause de tous les relâchemens, on verra qu'elle vient de l'impunité des crimes, et non pas de la modération des peines. » (*Id.*, *id.*, *id.*)

« C'est moins l'atrocité des peines que l'exactitude à les exiger, qui retient tout le monde dans le devoir. » (*Vatel*, *Droit des Gens*, livre 1er, chap. 13.)

Sans vouloir multiplier davantage les citations, je

dirai que ces principes ont été répétés par une foule d'auteurs de toutes les nations : aussi, personne ne doute de leur justesse et de la nécessité de les appliquer. Ces principes sont généraux, et se rapportent à toute espèce de peines, à toute espèce de juridictions, aux peines *communes* comme aux peines *militaires*, à la juridiction commune comme à la juridiction militaire. Veut-on une preuve de ce que j'avance? Je la trouve dans un exemple rapporté par Montesquieu, à l'appui de son raisonnement. « De nos jours, dit ce grand publiciste, la » désertion fut très-fréquente ; on établit la peine » de mort contre les déserteurs, et la désertion ne » fut pas diminuée. »

La modération dans les peines et l'exactitude à les exiger, sont donc les bases sur lesquelles toute bonne législation pénale doit s'étayer.

Les rédacteurs des lois du 12 mai 1793 et du 21 brumaire an 5, étaient-ils imbus de ces principes? Les ont-ils pris pour base? La simple lecture de leurs *œuvres* suffit pour démontrer le contraire. Aussi, les écrivains de tous les partis n'ont pas ménagé leurs expressions lorsqu'ils en ont parlé : dans son ouvrage intitulé : *De la Justice criminelle*, M. Bérenger, dont la plume semble, à la vérité, être trempée quelquefois dans du fiel, s'écrie : « Enfin, le Code pénal qu'ils (les conseils de guerre), sont chargés d'appliquer, est un Code de sang. » Un autre auteur, dont l'attachement à l'auguste famille de nos Rois est bien connu, M. Saint-Prosper, dans son *Observateur au dix-neuvième siècle, chapitre de la Justice*, dit à ses contemporains : « Armés » d'une inflexible rigueur, vous avez condamné » toutes les classes de la société à consumer dans

» les camps les plus belles années de la vie ; eh » bien ! apprenez sous quel système de justice » tombe et périt votre jeunesse : les galères, la ré» clusion, les travaux publics, la dégradation, voilà » les peines les plus légères que des législateurs » français ont su presser et réunir dans un Code » où chaque page pèse de meurtres et dégoutte de » sang. » Quelqu'exagération qu'il y ait dans de tels tableaux, il ne faut pas se dissimuler que les lois pénales militaires n'ont ni proportion entre elles, ni proportion avec les délits qu'elles ont pour but de réprimer ; elles sont *invariables*, n'ont ni *maximum* ni *minimum*, et l'on pourrait croire que le législateur n'avait aucune confiance dans les juges qu'il donnait aux armées.

Les différentes peines que les lois de mai 1793 et du 21 brumaire an 5 établissent, sont la mort, les fers, le boulet, les travaux publics, la dégradation, l'incapacité de servir, et l'emprisonnement. Ce n'est pas l'existence de toutes ces peines qui fait soulever l'opinion publique contre elles, mais bien la manière dont elles sont distribuées. Nous parlerons de cette distribution en traitant des principaux délits militaires.

En Angleterre, les peines que les cours martiales peuvent appliquer sont très-multipliées ; mais au moins, *là*, les juges militaires ont une grande latitude, et leur conscience n'est pas restreinte. Il est cependant quelques cas où la peine est fixée invariablement par la loi, et il en est deux seulement où la peine de mort l'est, sans qu'il soit au pouvoir de la cour de la mitiger. Le premier, c'est lorsqu'un militaire employé dans des pays étrangers force une sauve-garde. Le deuxième, c'est lorsqu'un déserteur revient sans permission du lieu où il a été déporté. (Cette dernière disposition est purement politique.) Dans tous les autres cas, quel que soit le délit, fût-il même d'avoir frappé un officier supérieur, ou d'avoir entretenu des intelligences avec l'ennemi, la loi admet divers degrés de culpabilité ; elle fixe seulement le *maximum*, comme, par exemple, lorsqu'elle dit : « Le coupable sera puni de mort, ou » de toute autre peine, à la discrétion de la cour » martiale. » Quelquefois même, elle ne détermine aucune peine, et veut seulement que le coupable soit puni « à la discrétion de la cour martiale. »

Outre la peine de mort, qui est commune à tous les militaires, il en est qui sont particulières aux officiers commissionnés, d'autres qui le sont aux officiers non commissionnés et aux soldats.

Pour les officiers commissionnés, ces peines sont :

1° D'être *cassé*, c'est-à-dire privé de sa commission. Quelquefois, le jugement porte seulement que l'officier est cassé ; quelquefois aussi, le jugement le déclare, *en outre*, incapable de servir dans les armées du Roi, selon les circonstances ;

2° La *suspension*, soit de rang, soit de paye, sans ôter à l'officier son caractère militaire ; elle le suspend de ses fonctions, ou lui ôte tout ou partie de sa paye, pendant un temps déterminé, tel qu'un an, six mois, etc. ;

3° La *réprimande* ; elle est ou *publique*, ou *particulière*. Publique, elle est prononcée par l'officier commandant à la tête du régiment ou du corps dont fait partie le coupable ; les expressions ne sont pas spécifiées par la sentence, mais laissées à la discrétion du commandant en chef, qui est toujours chargé de mettre une pareille condamnation à exécution. La réprimande particulière est faite à la partie par l'officier commandant, sans présence de témoins.

Les peines infligées aux officiers non commissionnés et aux soldats, sont en général corporelles, comme le fouet, l'emprisonnement, les fers, etc. Il en est une particulière aux déserteurs ; c'est lorsque la cour, n'ayant pas jugé à propos d'infliger la peine de mort, condamne le coupable à servir dans un des corps stationnés dans un des domaines du Roi, au-delà des mers, soit pour la vie, soit pendant un certain nombre d'années (1). Il est encore certains délits qui sont punis de la dégradation, quand les coupables sont des officiers non commissionnés. Le pouvoir de dégrader un sous-officier appartient non-seulement à la cour martiale, mais aussi au colonel ou à l'officier commandant le régiment (2).

D'après l'exposé que je viens de faire des peines établies par les lois militaires anglaises et par les lois militaires françaises, il est facile de s'apercevoir qu'un système tout différent a été embrassé, et est

(1) En temps de paix, jamais un simple déserteur n'est puni de mort, et il n'encourt cette peine que dans le cas où il rompt son ban. La peine de la déportation, lorsqu'elle n'est pas limitée et fixée par la sentence, est de quatorze ans.

(2) Dans les débats de la chambre des communes, sur l'*act-mutiny*, en 1750, une motion fut faite pour réformer la clause en vertu de laquelle un officier commandant un régiment pouvait casser un officier non commissionné ; mais elle ne fut pas adoptée. La majorité pensa que, puisque l'officier commandant avait le droit de nommer des officiers non commissionnés, il devait aussi avoir le droit de les dégrader, s'ils ne remplissaient pas leurs devoirs d'une manière satisfaisante.

encore suivi dans chacun de ces pays. En Angleterre, il semble que le législateur a craint de déterminer lui-même les peines ; aussi, les cas où il le fait sont-ils très-rares ; il se défie de lui-même, en quelque sorte ; aussi, laisse-t-il presque toujours la plus grande latitude aux juges ; et, rempli d'idées de justice distributive et d'humanité, il fixe seulement des bornes à leur sévérité. En France, le législateur, plein de confiance dans ses propres lumières, juge tout par lui-même ; il craint de laisser la moindre latitude aux juges ; il leur trace impérieusement leurs devoirs, il n'admet aucun degré de culpabilité, et les juges ne sont plus que des instrumens chargés et forcés d'appliquer une loi souvent cruelle à des offenses qui mériteraient à peine une légère punition.

Ce que nous avançons ici deviendra plus sensible encore lorsque nous traiterons de l'insubordination.

En Angleterre, les peines pour délits militaires ne sont pas infamantes, car celle de mort ne peut être regardée comme telle ; elle ne l'est pas même aux yeux des militaires en France ; quant à celle du fouet, qui chez nous serait plus que dégradante, qui devrait être même repoussée de toute législation pénale chez toute nation tant soit peu civilisée, elle n'est nullement considérée comme infamante en Angleterre ; c'est une simple peine de police : il en est de même de celle des fers, qui ne s'applique que pour quelques heures, ou vingt-quatre heures tout au plus. En France, la peine des fers, qui est par ses suites tout-à-fait pareille à celle des travaux forcés à temps (1),

(1) Voir l'arrêt de la cour de cassation, du 28 février 1824.

a pour les délits militaires une application dont le développement est effrayant.

Quelque respectables que soient les décisions de la cour suprême, qu'il me soit permis d'élever ma faible voix contre la jurisprudence que celle-ci paraît vouloir établir ; du moins, tant que la peine des fers restera applicable pour *crimes purement militaires*. Cet arrêt veut que les cours d'assises appliquent la peine attachée à la récidive, toutes les fois que le coupable qu'elle aura à condamner l'aura été antérieurement, même pour crimes militaires. Est-ce bien ainsi que l'on doit comprendre l'article 56 du Code pénal, et ses rédacteurs pensaient-ils qu'un jour on viendrait étendre la signification du mot *crime*, employé, dans cet article, à des infractions qui ne sont considérées, par eux, que comme de simples contraventions, ou, tout au plus, comme des délits. Non, j'ose l'assurer, telle n'a pas été leur pensée, telle n'est pas encore la pensée des chefs militaires. Par crime, le législateur entendait les infractions qualifiées *telles* par l'ancienne et la nouvelle loi commune, parce que ces infractions étaient, et sont encore, ou des actions viles et couvrant d'infamie ceux qui s'en rendent coupables, ou d'une telle gravité, qu'elles compromettent la vie des individus ou la sûreté de l'état ; cette terrible flétrissure, qu'il veut que l'on applique aux coupables par récidive, dès qu'ils encourent seulement, pour le second crime, la peine de la réclusion, prouve assez qu'il ne considère, comme en état de récidive, que ceux qu'une première peine infamante, pour une action vile ou grave de sa nature, n'a pas ramenés à de meilleurs principes. Or, je le demande, l'homme qui aura injurié son supérieur, injure qui souvent ne sera pas *légalement* publique, peut-il être placé dans cette catégorie? Si l'on se décidait pour l'affirmative, il faudrait aussi, et même à plus forte raison, déclarer que les hommes qui auraient été condamnés aux travaux publics ou au boulet, pour *crime* de désertion, ainsi que le portent tous les jugemens, se trouveraient en état de récidive s'ils paraissaient ensuite devant une cour d'assises ; cependant, il n'est jamais entré dans l'esprit de personne d'imaginer que la peine des travaux publics ou du boulet fussent infamantes : je dis à plus forte raison, car, à mon avis, la désertion est plus condamnable, plus criminelle, que le

De quel côté est le meilleur système? Je dois ici exprimer franchement mon opinion ; celui de l'An-

---

délit de simples insultes. Le législateur, qui a voulu que l'homme qui aurait été condamné au maximum des peines de police correctionnelle, c'est-à-dire à cinq ans d'emprisonnement, à dix ans d'interdiction d'une partie des droits civils, en autant de surveillance de la haute police, et quelquefois même au double de toutes ces peines s'il se trouve en état de récidive pour délits correctionnels, ce qui annonce déjà une perversité bien grande ; le législateur, dis-je, qui a voulu qu'un pareil homme ne se trouvât pas en état de récidive, s'il commet un crime après de telles condamnations, a-t-il pu vouloir qu'un malheureux qui se sera rendu coupable d'une faute bien grave, à la vérité, aux yeux d'une sévère discipline, mais souvent bien légère aux yeux de la société, se trouvât en état de récidive, si, après une condamnation aux fers pour cette faute, il vient à commettre une infraction qui le conduise sur le banc d'une cour criminelle. Non, je le répète, telle n'a pu être son intention ; non, de simples injures, une simple violation de la consigne du quartier, par exemple, ne pourront jamais être des crimes ! Et j'en puise une nouvelle preuve dans les mesures d'exécution adoptées depuis quelques années, pour les jugemens portant condamnation aux fers, pour crimes purement militaires. Ces condamnés ne sont plus attachés à la même chaîne, ni conduits au même bagne, où se trouve entassé tout ce que la débauche, les passions et les vices offrent de plus dégoûtant, de plus hideux, de plus monstrueux ; ils sont menés par la gendarmerie dans des ateliers séparés, où du moins ils n'ont pas à craindre la funeste contagion. Ces précautions ne sont-elles pas parlantes ; ne disent-elles pas assez, non-seulement que l'on cherche à modifier, par tous les moyens possibles, l'exécution de ces lois cruelles *sous le joug desquelles chaque famille compte un ou plusieurs de ses membres*, mais aussi que l'on ne veut pas voir dans ces coupables des criminels, proprement dits, puisque l'on évite avec tant de soin de les mettre en contact avec des *criminels !* Du reste, la cour suprême n'aura pas seulement à combattre la cour d'assises du Bas-Rhin, mais encore celle de Paris ; en 1823, au mois d'octobre, gleterre me paraît être plus conforme à l'équité, plus en harmonie avec les mœurs européennes.

Effectivement, plus que jamais on sent le besoin de laisser de la latitude aux juges; le Code pénal de 1810, les lois qui l'ont modifié, et particulièrement celle du 25 juin 1824, en sont une preuve. Il est tant de circonstances qui viennent diminuer ou aggraver une faute; ces circonstances, propres à chaque délit, sont tellement variées, et le changent si souvent de face, qu'il est impossible à la sagesse humaine de les embrasser toutes, de les prévoir toutes. Qu'a donc de mieux à faire le législateur, que de laisser aux juges à les apprécier, et à fixer la peine. Qu'il pose des limites; rien de plus naturel : car il ne faut pas non plus tomber dans l'arbitraire. Cependant, que ces limites soient larges; qu'aura-t-on à craindre, dès le moment où l'on pourra avoir toute confiance dans ceux aux mains desquels l'on remettra de telles armes?

Ce n'est pas assez que de laisser, en général, aux juges à déterminer la quotité de peine, et l'on croira sans doute nécessaire d'élaguer des peines pour délits purement militaires, celle des fers. L'esprit se refuse à voir dans un condamné aux fers pour insu-

---

dans une affaire où je portais la parole *d'office*, elle n'appliqua pas la peine de la récidive à un homme déjà condamné à vingt ans de fers par un conseil de guerre, de son propre aveu; et, cependant, le misérable ne pouvait inspirer aucune pitié. Espérons que la nouvelle loi ne prononcera plus cette terrible peine des fers pour crimes purement militaires; et, dès-lors, toutes les lois seront en harmonie, et toutes les bouches ne s'ouvriront que pour bénir le Monarque sous le règne duquel un changement si heureux pour l'humanité se sera effectué.

bordination, un homme tellement criminel, qu'il en est déclaré incapable de faire partie de la société, surtout lorsqu'on sait qu'une simple injure, punie d'une légère amende par la loi commune, peut faire encourir une peine aussi cruelle. Elle est nécessaire, ai-je souvent entendu dire, pour maintenir le subordonné dans le respect qu'il doit à son supérieur: non, une pareille sévérité de peines n'est pas nécessaire, répondrai-je avec les auteurs que j'ai déjà cités, Blackstone, Vatel, Montesquieu, Beccaria. Qu'on en applique une d'aussi longue durée, mais non infamante; qu'on l'applique avec exactitude, et l'on arrivera au même but! Cependant, pour arriver à celui que l'on doit se proposer, il faut que la justice soit distribuée avec une égale sévérité, sans distinction de rang. Que veut-on que pense le soldat, lorsqu'il voit un de ses camarades envoyé au bagne, pour avoir montré le poing à son officier, et cet officier simplement mis aux arrêts, au mépris de la loi, pour avoir frappé ce subordonné?

Je vais maintenant traiter des principaux délits militaires, les seuls dont je m'occuperai pour ne pas être trop prolixe; j'ai pensé qu'au moment où l'on sentait le besoin d'insérer dans la loi commune des dispositions pour assurer le libre exercice du culte et maintenir chacun dans le respect qui est dû à sa religion, il était nécessaire d'y consacrer quelques articles dans le Code militaire... En Angleterre, la première section des *articles War* est relative au culte divin.

TITRE II.

CULTE DIVIN.

En Angleterre, la loi prononce une peine contre le militaire qui ne suit pas assidûment les offices divins et les sermons dans les places désignées pour le rassemblement de son régiment, corps ou compagnie, qui s'en absente sans motif légal, ou qui s'y comporte avec indécence ou irrévérence.

Si c'est un officier commissionné, il est traduit devant une cour martiale, et réprimandé *publiquement*.

Si c'est un officier non-commissionné, ou un soldat, il est condamné à une amende de douze pences, à retenir sur sa prochaine paye, et à chaque récidive, il est condamné à trois heures de fers.

L'argent provenant de ces amendes est employé au soulagement des soldats malades du régiment du condamné. Les mêmes peines sont encourues par l'officier ou le soldat qui profère des paroles blasphématoires ou des juremens.

L'officier ou soldat soupçonné d'avoir parlé contre un article *reconnu* de la religion chrétienne, est remis entre les mains du magistrat civil.

Le militaire qui est convaincu d'avoir profané un lieu consacré au culte divin, ou fait violence à un chapelain de l'armée, ou à tout autre ministre de l'évangile, est traduit devant une cour martiale générale, qui lui inflige une peine proportionnée à l'offense, à sa discrétion.

Un chapelain commissionné ne peut s'absenter de ses fonctions (excepté en cas de maladie ou de congé), sous peine d'être traduit devant une cour martiale, et puni suivant la gravité de sa faute.

S'il est convaincu d'ivrognerie, ou d'autres passions scandaleuses, et de déroger ainsi au caractère sacré dont il est revêtu, il est privé de son office par jugement d'une cour martiale.

Tel est le frein qu'oppose une nation dont la religion de l'état est celle de Calvin, aux militaires qui n'en suivraient pas strictement les préceptes, et oseraient les violer.

J'ouvre le Code qui régit l'armée française, et c'est en vain que j'y cherche une disposition pénale relative à la religion et à son culte.

Cependant, nous avons le bonheur d'avoir pour religion de l'état, celle qui peut plus que tout autre entretenir la soumission envers les chefs, la concorde entre les soldats, et les empêcher de se livrer à des excès dont les suites sont désastreuses, et pour celui qui s'y livre, et pour la discipline à laquelle ils portent toujours atteinte.

Que l'on ne croie pas que la superstition ait été le mobile du législateur anglais. Sage, il a pensé que si l'on voulait que le soldat respectât les lois des hommes, il fallait, auparavant, qu'il eût en vénération celles de l'auteur de toutes choses.

Rappelons-nous qu'il fut un temps en France, où le soldat qui blasphémait, avait la langue percée avec un fer chaud. Si de pareilles peines ne sont plus en harmonie avec les lois qui nous régissent et le siècle où nous vivons, du moins, ne soyons pas indifférens au point de laisser sans punition le soldat qui offense *publiquement* son créateur, alors que celui qui injurie seulement son supérieur, est puni d'une peine afflictive et infamante.

TITRE III.

TRAHISON, EMBAUCHAGE, ESPIONNAGE.

Ces crimes ont été de tout temps, et chez toutes les nations, mis au premier rang et punis de la peine capitale, excepté chez les peuples où, pendant certains règnes, la peine de mort a été abolie; mais alors, c'était encore la peine la plus forte qui les réprimait. La sûreté des états le veut ainsi; et de là, la nécessité de laisser subsister les lois répressives de ces crimes, telles qu'elles sont: la seule amélioration dont elles seraient peut-être susceptibles, serait de laisser aux juges la latitude de diminuer la peine jusqu'à un certain degré, selon les circonstances (1).

(1) Ce n'est que dans Blackstone, livre 4, chapitre 8, que j'ai trouvé le supplice des traîtres, en Angleterre, rapporté avec quelques détails; voici ce passage :

« En général, la peine du crime de haute-trahison est terrible » dans son appareil et dans ses effets. Le criminel doit être traîné » jusqu'au gibet, et non conduit à pied ou en charrette; quoique » l'usage, d'abord toléré, et à la longue adopté comme une loi » par humanité, soit de le placer sur un traîneau ou sur une » claie, pour lui épargner le supplice cruel d'être traîné sur la » terre ou sur le pavé; il doit être pendu (hanged by the neck); » puis on le descend du gibet, lui encore vivant; on lui arrache » les entrailles, que l'on jette dans le feu; on lui coupe la tête;

TITRE IV.

INSUBORDINATION.

En France, le titre 8 de la loi du 21 brumaire an 5, et l'article 10 de la section 4 de la loi du 12 mai 1793, sont ceux qui répriment les différentes espèces d'insubordination.

Sans rapporter ici les articles qui sont relatifs aux révoltes et aux délits commis devant l'ennemi, nous citerons seulement les articles 1er, 13, 15, 16, 21 et 22, et l'article 10 de la section 4 de la loi du 12 mai 1793.

Ces articles sont ainsi conçus :

Art. 1er. « Tout militaire ou autre individu employé au service de l'armée, qui, lorsque la générale aura été battue, ne se sera pas rendu à son poste, sera, pour la première fois, puni d'un mois de prison ; pour la deuxième fois, de trois mois, et destitué de son grade ou emploi. Le simple volontaire, dans le second cas, sera puni de six mois de prison.

Dans le cas d'une seconde récidive, le coupable sera puni de deux ans de fers. »

13. « Tout militaire convaincu d'avoir forcé ou violé

» et l'on partage son corps en quartiers, les quatre parts et la » tête sont à la disposition du Roi. Le Roi peut dispenser de » toutes les parties de ce châtiment, à l'exception de la peine » d'avoir la tête tranchée ; ce qu'il fait souvent, surtout lorsque » le condamné est d'un sang noble. »

la consigne générale donnée pour la troupe, soit au camp, soit au cantonnement, quartier, garnison ou caserne, sera puni de dix ans de fers. »

15. « Tout militaire convaincu d'avoir insulté ou menacé son supérieur de propos ou de gestes, sera puni de cinq ans de fers; s'il s'est permis des voies de fait à l'égard du supérieur, il sera puni de mort. »

16. « Tout militaire qui, hors les cas de défense naturelle, et ceux de ralliement des fuyards devant l'ennemi, ou de dépouillement des morts ou blessés sur le champ de bataille, prévus par les articles 5, 6 et 7 du titre 5 du présent Code, sera convaincu d'avoir frappé son subordonné, sera destitué de son grade, puni d'un an de prison, et déclaré incapable d'occuper aucun grade dans les troupes de la république. »

21. « Toute condamnation d'un militaire à la peine des fers, emportera dégradation aussitôt après la sentence rendue. »

22. « Tout délit militaire non prévu par le présent Code, sera puni conformément aux lois précédemment rendues. »

Art. 16 de la section 4, de la loi du 12 mai 1793 : « Tout militaire qui sera convaincu de ne s'être pas conformé aux ordres de son supérieur, relatifs au service, sera destitué, mis pour un an en prison, et déclaré incapable de servir dans les armées de la république; et si c'est dans une affaire en présence de l'ennemi, il sera puni de mort. »

En Angleterre, sous la dénomination de *mutinerie*, la loi militaire comprend les propos irrévérens envers le Roi ou les membres de sa famille, le manque de respect et les propos tenus envers le commandant en chef, les séditions, les voies de fait envers l'officier supérieur, et la désobéissance formelle.

L'officier qui tient des propos irrévérens ou dédaigneux envers le Roi ou les membres de la famille royale, est traduit devant une cour martiale générale, et cassé de son grade, s'il en demeure convaincu.

Si c'est un officier non commissionné ou soldat, il est traduit, soit devant une cour martiale générale, soit devant une cour régimentaire, qui lui inflige la peine qu'elle juge convenable.

L'officier ou soldat qui excite, cause une sédition ou *mutinerie*, ou s'y joint, et qui, y étant présent, ne fait pas tous ses efforts pour l'apaiser, ou qui, en ayant connaissance, n'en informe pas sans délai son officier commandant, est puni de mort, ou de toute autre peine qui lui est infligée par une cour martiale générale.

L'officier ou soldat qui se comporte avec mépris ou sans respect devant le général ou commandant en chef, qui tient des propos attentatoires à son honneur, est puni, suivant la nature de l'offense, par jugement d'une cour martiale générale.

L'officier ou soldat qui frappe son officier supérieur, qui lui arrache ou cherche à lui arracher son arme, se porte à des violences envers lui *dans l'exercice de ses fonctions* (being in the execution of his office), ou qui désobéit à un ordre légal de son officier supérieur, est puni de mort, ou de toute autre peine qui lui est infligée, par une cour martiale générale.

En examinant les législations des deux pays, je remarque d'abord,

Qu'en France, aucun article de la loi militaire ne

punit et ne peut punir, eu égard au temps où elle a paru, les propos dédaigneux ou irrévérens envers le Roi ou un des membres de la famille royale; aussi, est-on forcé d'avoir recours à la loi commune sur cette matière. Je propose de reparer cette omission, en insérant dans la nouvelle loi la disposition suivante: « L'officier qui se rendra coupable d'un » pareil délit sera cassé à la tête du régiment, et » déclaré indigne de servir dans les armées du roi; » si le coupable est un soldat, il sera condamné à » un emprisonnement, qui ne pourra excéder deux » années, et renvoyé, à l'expiration de sa peine, » dans un des régimens servant aux colonies, pour » y finir son temps, ou bien dans une compagnie » de fusiliers de discipline; et, si ce coupable est » un sous-officier, il sera en outre cassé à la tête » du régiment. »

Passant aux insultes et voies de fait envers supérieurs, l'on a dû s'apercevoir que les seules insultes envers l'officier commandant sont punies par la loi anglaise, que les seules voies de fait envers l'officier supérieur, dans l'exercice de ses fonctions, peuvent être punies de mort (1). En France, l'article 15 de la loi du 21 brumaire an 5, punit de cinq ans de fers toute insulte ou menace, par propos ou gestes, envers un supérieur quelconque, sans distinction de grade. Cinq ans de fers est la peine infligée à celui qui, devant tout le régiment, de propos délibéré, injurie son général, et tient devant

---

(1) Les autres espèces d'insultes ou de voies de fait envers supérieurs, ne sont que des fautes de discipline de la compétence des cours régimentaires.

lui des propos attentatoires à son honneur. Cinq ans de fers est aussi la peine infligée au soldat qui, ivre un jour de réjouissance publique, excité par la brutalité avec laquelle il est mené par un caporal, la veille son camarade, partageant encore son lit et sa soupe, fait entendre une expression sale, dégoûtante, mais incapable de faire tort à ce caporal. Cependant, quelle immense différence entre ces deux fautes! La première est commise avec une intention criminelle, l'injure est réelle, elle est publique, elle porte une atteinte directe à la discipline, si elle n'est réprimée sur-le-champ; l'autre n'est qu'une expression insignifiante, sortie de la bouche d'un homme poussé par la colère ou l'impatience, et dont l'état le rend incapable de réflexion, et de se rendre nettement compte de ses actions.

Ces réflexions s'appliquent aussi aux voies de fait, que ce même article 15 punit de mort. Ainsi, un soldat boit dans un cabaret avec son sous-officier; il le frappe; il est susceptible d'être puni de mort, et ici, *rien n'est exagéré.*

Maintenant, nous arrivons à la désobéissance formelle.

La loi anglaise considère ce délit comme beaucoup plus grave que celui de simples insultes envers son supérieur, et le militaire qui désobéit à un ordre légal du supérieur est puni de mort; cependant, à côté, nous apercevons le correctif, « ou de toute autre peine que la cour martiale générale juge à propos de lui infliger. » La loi française (*art.* 10 *de la section* 4 *de la loi du* 12 *mai* 1793) ne punit que d'un an de prison la désobéissance formelle à un ordre relatif au service; elle veut, en outre, que le coupable soit déclaré incapable de servir dans les armées; il y a plus, elle ne punit que d'un mois de prison celui qui ne se rend pas à son poste lorsque la générale bat. (*Art.* 1er *du titre* 8 *de la loi du* 21 *brumaire an* 5.)

Lorsqu'on compare les peines prononcées pour désobéissance formelle, et les peines prononcées pour insultes envers un supérieur par la loi française, l'on est étonné; et si l'on veut chercher à pénétrer l'intention du législateur, c'est en vain, car les deux délits portent également atteinte à la discipline; et quant aux suites qu'ils peuvent avoir, il n'y a même pas de comparaison à établir. Le soldat qui désobéit peut compromettre l'existence d'une personne, la sûreté d'une ville, le gain même d'une bataille. Le soldat qui insulte son supérieur ne peut lui faire tort qu'autant que ce supérieur ne jouirait pas de l'estime de ses chefs, de l'amour et du respect de ses subordonnés; s'il en jouit, les propos injurieux retombent sur leur auteur. (Ce raisonnement ne m'empêche pas de penser que cette dernière infraction doit être réprimée avec sévérité.)

Ainsi donc, dès le moment où le délit de désobéissance formelle peut avoir des suites plus graves que celui d'insultes, la peine à infliger doit être réglée sur ce résultat; et sans vouloir ici fixer la quotité de cette peine, je pense que, pour ce délit et pour ceux d'insultes et de voies de fait envers supérieurs, trois grandes distinctions doivent être faites :

En campagne,
Pendant le service,
Hors le service.

En campagne et pendant le service, tous ces

délits prennent une telle gravité, que je sens la nécessité de punir la désobéissance formelle et les voies de fait, même de mort, en certains cas; cependant, que l'on permette aux juges d'appliquer une peine moindre, s'ils le croient *juste* d'après les circonstances; l'on n'a rien à craindre de leur indulgence; ils seront sur les lieux, et sauront bien, peut-être même trop souvent, s'armer de sévérité, lorsqu'ils penseront que la discipline l'exige; hors du service, le simple renvoi dans des compagnies de discipline ou dans les régimens servant aux îles, pourra suffire. Quant aux insultes, jamais, suivant moi, une peine infamante ne peut en être la suite; et non-seulement je citerai la loi anglaise, mais encore j'opposerai à la loi française la loi française elle-même, la loi du 21 brumaire an 5 à celle du 12 mai 1793; l'article 11 du titre 4 de cette dernière ne punissait que de deux ans de prison l'insulte envers supérieurs; et encore cette loi, il faut se le rappeler, n'avait été faite que pour les armées en campagne. Pourquoi donc cette aggravation de peine dans la plus récente de ces lois? Je ne sache pas, malgré tous les renseignemens que j'ai pris près des militaires servant et commandant à cette époque, que ce fût la fréquence du délit qui eût pu forcer le législateur à porter une peine aussi cruelle; au contraire, si j'en crois ces officiers, si j'en crois les écrivains qui ont parlé de cette époque, « l'hon- » neur français tout entier s'était réfugié dans les » armées. » Hâtons-nous donc de revenir à un système plus doux; que des peines d'emprisonnement soient seules désormais appliquées pour insultes! Qu'elles soient graduées suivant que le délit se trouvera placé dans une des trois catégories que nous avons établies. Il faut encore rejeter, pour *les simples soldats*, la disposition de la loi de 93, qui les déclare incapables de servir dans les armées, après certains délits commis, puisque la plus grande partie de l'armée se recrute par appels forcés (1).

TITRE V.

DÉSERTION.

Les conseils de guerre permanens sont devenus compétens pour juger le délit de désertion, par l'ordonnance du Roi du 21 février 1816; l'article 2 de cette ordonnance est ainsi conçu :

« Les conseils de guerre permanens appliqueront
» aux coupables, soit de désertion, soit d'évasion
» des ateliers de travaux publics ou du boulet,
» soit de délits graves dans ces ateliers, les peines
» spécifiées par l'arrêté du 19 vendémiaire an 12 (12
» octobre 1803), par l'avis du conseil d'état du 22
» ventose de la même année (13 mars 1804), par
» les décrets des 8 nivose, 23 ventose et 8 fructidor
» an 13 (29 décembre 1804, 14 mars et 26 août
» 1805), du 8 vendémiaire an 14 (30 septembre
» 1805), des 16 février 1807, 23 novembre 1811,
» 2 février 1812, et 5 avril 1813, à l'exception de
» l'amende de 1500 francs, qui sera remplacée par

(1) J'ai vu, après une condamnation de ce genre, plusieurs soldats se rendre coupables de ce délit en peu de jours, y trouvant le moyen de s'affranchir pour toujours du service militaire.

» la condamnation aux frais de la procédure, con-
» formément à la loi du 18 germinal an 7 (7 avril
» 1799). »

Les peines particulières à la désertion sont :

1° Les travaux publics,

Pour la désertion à l'intérieur (*voyez* article 72, titre 9 de l'arrêté du 19 vendémiaire an 12, et l'avis du conseil d'état du 22 ventose an 12);

2° Le boulet,

Pour le déserteur à l'étranger;

Le déserteur remplaçant;

Le déserteur à l'intérieur par récidive;

Le déserteur à l'intérieur qui a emporté des effets appartenans à ses camarades;

Le déserteur des travaux publics.

(Voir l'article 69 du titre 9 de l'arrêté du 19 vendémiaire an 12, et le décret du 8 fructidor an 13).

3° La mort,

Pour le déserteur à l'ennemi;

Le chef de complot de désertion;

Le déserteur étant en faction;

Le déserteur qui a emporté ses armes à feu ou les armes blanches d'un de ses camarades;

Le déserteur à l'étranger qui y a pris du service ou qui y a passé plus d'une fois;

Le déserteur après grâce;

Le condamné au boulet ou aux travaux publics qui se rend coupable de révolte ou de soulèvement contre les surveillans, ou qui aura commis un crime puni par le Code pénal ou par le Code militaire ; on peut aussi, dans ces derniers cas, ne le condamner qu'aux fers. (Il serait à désirer que la nouvelle loi spécifiât que la peine des fers ne pourra lui être infligée que pour les crimes punis de cette peine ; par exemple, *pour le vol.*

En Angleterre, les cas de désertion sont prévus et punis par la section 6 des articles de guerre ; cette section est ainsi conçue :

Art. 1er. « Tout officier non commissionné ou soldat, qui sera convaincu de désertion, sera puni de mort, ou de toute autre peine que lui infligera la cour martiale générale ; le coupable ne sera pas exempté de la peine par un enrôlement subséquent, et malgré ce deuxième enrôlement, il sera déclaré déserteur, et puni comme tel. »

2. « Lorsqu'un officier recevra ou retiendra un officier non commissionné ou soldat appartenant à un autre corps, ou si, après avoir découvert qu'il était déserteur, il ne le fait pas emprisonner immédiatement, et n'en donne pas avis au corps dont ce dernier faisait partie, si c'est dans la Grande-Bretagne ou en Irlande ; et si c'est à l'extérieur, s'il n'en donne pas avis à notre ministre de la guerre, il sera cassé, s'il demeure convaincu devant la cour martiale générale. »

3. « Dans le cas où ce serait un officier non commissionné, trompette, tambour ou simple soldat, qui recevrait ou retiendrait sciemment un officier non commissionné ou soldat appartenant à un autre corps, et qui, après avoir découvert qu'il était déserteur, ne l'emprisonnerait pas immédiatement et n'en rendrait pas compte à l'officier sous les ordres duquel il se trouve, il sera, s'il en demeure convaincu, puni à la discrétion de la cour martiale générale ou régimentaire. »

4. « L'officier non commissionné ou soldat qui désertera d'un régiment, corps, troupe, compagnie,

détachement, ou parti dans lequel il se sera engagé, ou recevra paye, quoique appartenant de droit et pouvant être réclamé par un autre corps dans lequel il se serait antérieurement engagé ou aurait reçu paye, ou qui, servant dans un tel régiment, corps, troupe, compagnie, détachement ou parti, y commettra une faute contre les règlemens de discipline militaire, peut être jugé par une cour martiale, et puni pour désertion ou autre délit, de la même manière que s'il était originairement et légalement engagé dans ce corps, troupe, etc.; et si un tel officier non commissionné, ou soldat, est réclamé par le corps dans lequel il se sera engagé primitivement, pour être procédé contre lui sur le fait de désertion, sa désertion postérieure d'un ou de plusieurs corps dans lesquels il se serait engagé illicitement (à moins que déjà il n'ait été puni pour ce fait), peut être mise à sa charge comme une aggravation de son crime. Alors il sera préalablement donné connaissance au prévenu du fait ou des faits produits à sa charge. »

5. « Lorsqu'un officier s'absentera sans permission ou dépassera le temps pour lequel une permission lui sera accordée, ou lorsqu'un officier promu, permutant ou passant dans un autre corps, ou appelé à l'activité, étant en demi-solde, ne rejoindra pas le régiment ou le dépôt qui lui aura été assigné, dans les deux mois de la date de sa mise en activité, passage ou permutation, ou lorsqu'un officier, lors de sa première nomination dans l'armée, ne rejoindra pas son régiment ou dépôt dans le temps spécifié par l'ordre de l'adjudant-général, la paye régimentaire leur sera retenue, dans tous ces divers cas, jusqu'à ce qu'ils aient donné une explication satis-

faisante, sur la cause de leur absence ou de leur retard, à leurs colonels ou officiers commandans; et rapport des faits sera envoyé par l'adjudant-général au ministre de la guerre. »

6. « Tout officier, officier non commissionné ou soldat qui s'absentera sans permission de son commandant, ou de sa troupe, ou compagnie, ou du détachement avec lequel il marchera, sera, s'il en demeure convaincu, puni suivant la nature du délit, à la discrétion de la cour martiale générale ou régimentaire. »

« L'officier, officier non commissionné ou soldat, qui sera convaincu d'avoir excité ou poussé à déserter tout autre officier ou soldat, sera puni de telle peine que la cour martiale générale jugera convenable de lui appliquer. »

En confrontant les dispositions de la loi anglaise et les dispositions de la loi française, j'ai cru m'apercevoir qu'une base différente était suivie chez chaque nation, pour caractériser le délit de désertion. Chez nos voisins d'outre-mer, il paraît que l'esprit de retour aux drapeaux est ce qui détermine le délit de désertion ou celui d'absence seulement, suivant que les juges le croient ou ne le croient pas chez le coupable. En France, la désertion est, en quelque sorte, un délit matériel; tant de jours d'absence le caractérisent; la représentation volontaire une minute après l'heure accordée par la loi au repentir, ne doit plus être rien pour les juges, et le coupable est frappé de la même peine qu'il aurait encourue, s'il avait persisté dans son état de désertion, et s'il n'était comparu devant la justice que traîné par la force armée, à la vigilance et aux recherches de laquelle il se serait soustrait pendant plusieurs années; cependant, quelle énorme différence entre les deux cas. Est-ce par de pareilles lois que l'on parviendra à encourager la représentation volontaire du coupable.

Un second vice m'a paru exister dans la loi française, c'est que toutes ses dispositions ne se rapportent, pour le temps de paix, qu'au sous-officier ou au soldat; il en résulte que la désertion de l'officier reste impunie : le législateur a-t-il pensé que supposer qu'un officier puisse déserter pendant la paix, serait aller trop loin! Cependant, nous avons vu des officiers, indignes de ce titre, abandonner leurs drapeaux, soit pour se soustraire à leurs créanciers ou aux soupçons qui planaient contre eux, pour des vices qui, mis au jour, les auraient rendu incapables de servir dans les armées du Roi; et une pareille conduite, qui aurait dû aggraver leurs fautes, rester impunie par suite du silence de la loi à leur égard. Cependant, la désertion de la part d'un officier est beaucoup plus blâmable que celle du soldat; les suites peuvent en être plus funestes, l'exemple bien plus dangereux; et, je ne crains pas de le dire, la désertion, pour un officier, est un crime, une félonie.

La peine de mort est prononcée par la loi française, dans beaucoup de cas, pour fait de désertion; aussi, ai-je vu peut-être quarante ou cinquante condamnations à la peine capitale, prononcées par les conseils de guerre pour désertion; cependant, je dois dire que jamais je n'en ai vu aucune recevoir son exécution; la bonté inépuisable de nos Princes se répandait toujours sur les coupables, et de simples peines d'emprisonnement, de boulet ou de travaux publics les remplaçaient. Si l'on cherche les causes de cette non-exécution constante de la loi, on la trouvera dans l'excessive sévérité de cette même loi. Qu'en temps de guerre, la mort soit prête à atteindre celui qui craindra d'exposer sa vie pour son Roi et son pays, rien de plus juste! Mais, en temps de paix, une pareille sévérité est si peu nécessaire, que quoique la loi existe, elle ne reçoit pas son exécution : aussi, n'est-elle même plus un *épouvantail;* et l'homme condamné à mort pour désertion croirait être victime d'une injustice, si elle était exécutée à son égard. Eh bien! à cette loi si vicieuse, sous ce rapport, on n'a qu'à ajouter, pour la rendre juste et humaine, que le coupable pourra, selon les circonstances, être puni, soit d'une peine d'emprisonnement, soit de celle du boulet ou des travaux publics; et alors, la clémence royale reprendra près des justiciables le haut degré de respect que le législateur a voulu avec raison qu'on eût pour elle, en déclarant que le soldat qui déserterait après en avoir éprouvé une seule fois les effets, serait puni de mort.

TITRE VI.

VOLS.

Dans toutes les législations, le vol est un délit, et ceux qui s'en rendent coupables manquant à l'honneur, n'attirent pas sur eux la pitié qu'inspire l'insubordonné ou le déserteur.

Quelque sévère que soit la loi militaire (article 12, section 4 de la loi du 12 mai 1793) pour les vols commis entre camarades, je sens la nécessité de cette sévérité; je n'ai pas besoin d'en rappeler ici les motifs; je les ai indiqués au chapitre de la *Compétence*.

Quant aux vols commis dans les magasins, hôpitaux et dépôts militaires, ou envers les officiers, comme la répression de ces crimes intéresse autant la société que l'armée, que les dispositions du Code pénal ordinaire, modifiées par les nouvelles lois, sont sages, je pencherais pour qu'elles fussent appliquées par les conseils de guerre; et si le dépôt, magasin ou hôpital, est aussi à l'usage des autorités civiles, les tribunaux ordinaires devraient être seuls compétens.

En Angleterre, ni le *mutiny-act*, ni les articles de guerre, ne parlent du crime de vol; la loi commune est appliquée aux coupables, et cette loi, ou pour mieux dire ces lois, sont tellement sévères, et souffrent tant de modifications, suivant les circonstances du fait et la valeur de la chose volée, que c'est un véritable dédale dans lequel s'égarent beaucoup de jurisconsultes, au dire même d'un écrivain anglais (1).

---

(1) Voici des passages de cet auteur : « J'ai entendu soutenir que la sagesse de notre système judiciaire reposait sur l'obscurité de nos lois, et que si le crime et le châtiment étaient trop clairement définis, les malfaiteurs profiteraient de la précision qu'on aurait donnée aux définitions, et porteraient la licence précisément jusqu'au terme que la loi aurait fixé....... » Quel funeste catalogue nous avons de crimes relatifs et de crimes absolus! Plusieurs sont inconnus aux avocats les plus expérimentés; et, cependant, si l'homme le plus ignorant venait à en commettre quelqu'un, son ignorance ne le mettrait pas à l'abri des peines

TITRE VII.

VIOLENCES.

Les violences entre militaires ne sont réprimées par aucune loi militaire, et l'on applique le Code pénal ordinaire à chacun des cas prévus (1) ; je dis *prévus*, car il en est qui ne le sont pas, et qui, par leur nature, méritent d'attirer l'attention du législateur ; je veux parler des défis, des duels. Sans faire valoir ici des considérations qui ont été si longuement et quelquefois si éloquemment développées par de grands écrivains, je ferai seulement observer que des peines sévères devraient être portées contre les ferrailleurs et les bretteurs, qui ne se

prononcées par la loi ! »..... « La sévérité évidente de notre Code pénal a conduit le pouvoir exécutif à dispenser, par degrés, de l'exécution des lois dans les crimes capitaux. (Phillips, *Pouvoirs et Obligations des Jurés.*)

(1) Les violences envers les particuliers ne sont punies que par un seul article de loi. L'article 18 de la section 3 de la loi du 12 mai 1793 est ainsi conçu : « Tout militaire, ou tout autre » individu attaché à l'armée, qui sera convaincu d'avoir attenté, » en quelque lieu que ce soit, à la liberté ou à la sûreté des » citoyens, sera puni de six mois de prison ; s'il y a vol ou voies » de fait, la peine sera de deux ans de fers ; et, en cas d'assassi- » nat, il sera puni de mort. » Maintenant que les violences envers les individus non militaires seront de la compétence des tribunaux ordinaires, cet article ne pourra être remis en vigueur que lorsque les troupes seront en campagne, hors du territoire français.

servent de leur adresse et de leur habileté que pour rançonner les jeunes soldats, et se livrer à la débauche, dans laquelle ils entraînent leurs dupes.

En Angleterre, le chapitre qui a rapport à cette espèce de délit est ainsi conçu :

Section 7, articles War.

Querelles et Cartels.

Art. 1er. « Aucun officier, officier non commissionné ou soldat, n'en injuriera ou n'en provoquera, de paroles ou de gestes, un autre, sous peine, si c'est un officier, d'être mis aux arrêts, ou si c'est un officier non commissionné ou soldat, d'être emprisonné, et de demander pardon à la partie offensée, en présence de son officier commandant. »

2. « Aucun officier, officier non commissionné ou soldat, ne donnera ou n'enverra un cartel à un autre, sous peine, si c'est un officier commissionné, d'être cassé; si c'est un officier non commissionné ou soldat, d'une peine corporelle ou d'emprisonnement, à la discrétion de la cour martiale. »

3. « Tout officier commissionné ou non commissionné, commandant une garde, qui souffrira sciemment et volontairement qu'une personne quelconque sorte pour se battre en duel, sera considéré comme auteur, de même que tous seconds, promoteurs ou porteurs de cartels, et seront punis en conséquence. »

4. « Tout officier, quel que soit son rang, a le pouvoir d'empêcher et de réprimer toute querelle,

ou combat, ou désordre, quand même les contrevenans appartiendraient à un autre régiment ou troupe, et d'ordonner aux officiers les arrêts, et aux officiers non commissionnés et soldats la prison, jusqu'à ce que leur propre officier supérieur en soit instruit; et quiconque refusera d'obéir à un tel officier (quand même il serait d'un rang inférieur), ou qui tirera son épée contre lui, sera puni à la discrétion de la cour martiale générale. »

5. « Tout officier, officier non commissionné ou soldat, qui en insultera un autre pour avoir refusé un cartel, sera considéré comme auteur; et aussi, nous déchargeons tout officier et soldat de toute opinion désavantageuse à laquelle pourrait donner lieu leur refus d'accepter un cartel, parce qu'en cela ils auront obéi à nos ordres, et auront rempli leurs devoirs en bons soldats soumis à la discipline. »

Ce serait peut-être par des articles de ce genre, que l'on pourrait réprimer en France l'audace des bretteurs, et la susceptibilité des faux braves.

Quant aux autres espèces de violences, jusqu'ici les lois ordinaires ont été appliquées, aucun reproche ne s'est élevé contre cette application; fidèle à mes principes, je pense que ces lois doivent être maintenues.

TABLE DES MATIÈRES.

FIN DE LA TABLE.

IMPRIMERIE DE DEMONVILLE, RUE CHRISTINE, N° 2.

www.ingramcontent.com/pod-product-compliance
Ingram Content Group UK Ltd.
Pitfield, Milton Keynes, MK11 3LW, UK
UKHW020923180726
13838UKWH00002B/726

9 782329 422749